JOSÉ LUIZ DOS SANTOS PAULO SCHMIDT

DEMONSTRAÇÕES CONTÁBEIS

BALANÇO PATRIMONIAL E DEMONSTRAÇÃO DO RESULTADO

Porto Alegre, 2019

READER

S237d Santos, José Luiz dos
Demonstrações contábeis: balanço patrimonial e demonstração do resultado / José Luiz dos Santos e Paulo Schmidt. – Porto Alegre: Reader, 2019.
94 p.

ISBN: 9788560200030 (impresso)
ISBN: 9788560200023 (digital)

1. Demonstrações contábeis. 2. Balanço patrimonial. 3. Ativo. 4. Demonstração do resultado. I. Schmidt, Paulo.

CDU 657.62

Catalogação na Fonte: Bibliotecária Josiane Fonseca da Cunha - CRB 10/1674

SUMÁRIO

1. DEMONSTRAÇÕES CONTÁBEIS

1.1 ASPECTOS GERAIS

A norma contábil que trata das demonstrações contábeis é o pronunciamento técnico CPC 26(R1), cujo o objetivo é definir a base para a apresentação das demonstrações contábeis, para assegurar a comparabilidade tanto com as demonstrações contábeis de períodos anteriores da mesma entidade quanto com as demonstrações contábeis de outras entidades. Assim, essa norma estabelece requisitos gerais para a apresentação das demonstrações contábeis, diretrizes para a sua estrutura e os requisitos mínimos para seu conteúdo.

As demonstrações contábeis, nos termos do item 3 da interpretação técnica ICPC 09(R2), podem ser apresentadas, conforme as circunstâncias, na forma de:

(a) demonstrações contábeis individuais;

(b) demonstrações consolidadas; e

(c) demonstrações separadas.

Do ponto de vista conceitual, segundo o item 4 da interpretação técnica ICPC 09(R2), as demonstrações individuais só deveriam ser divulgadas publicamente para o caso de entidades que não tivessem investimentos em controladas, ou em empreendimento controlado em conjunto (*joint ventures*).

No caso de existência desses investimentos, as entidades deveriam divulgar somente as demonstrações consolidadas, conforme estabelecido nas normas internacionais de contabilidade emitidas pelo *International Accounting Standards Board* - IASB.

No entanto, a legislação societária brasileira e alguns órgãos reguladores determinam a divulgação pública das demonstrações contábeis individuais de entidades que contêm investimentos em controladas ou em empreendimento controlado em conjunto mesmo quando essas entidades divulgam suas demonstrações consolidadas; inclusive, a legislação societária requer que as demonstrações contábeis individuais, no Brasil, sejam a base de diversos cálculos com efeitos societários (determinação dos dividendos mínimos obrigatórios, do valor patrimonial da ação etc.).

Como consequência, nos termos do item 6 da interpretação técnica ICPC 09(R2), enquanto mantida essa legislação societária, será requerida a apresentação das demonstrações individuais de todas as entidades, mesmo quando apresentadas as demonstrações consolidadas (integral ou proporcional).

Segundo o item 7 da interpretação técnica ICPC 09(R2), a obrigação de "divulgar, juntamente com suas demonstrações individuais, demonstrações consolidadas...", conforme preconizado pelo art. 249 da Lei 6.404/76, não implica, necessariamente, divulgação em colunas lado a lado, podendo ser uma demonstração contábil a seguir da outra.

1.2 FINALIDADE DAS DEMONSTRAÇÕES CONTÁBEIS

Segundo o item 9 do pronunciamento técnico CPC 26(R1), as demonstrações contábeis são uma representação estruturada da posição patrimonial e financeira e do desempenho da entidade. O objetivo das demonstrações contábeis é o de proporcionar informação acerca da posição patrimonial e financeira, do desempenho e dos fluxos de caixa da entidade que seja útil a um grande número de usuários em suas avaliações e tomada de decisões econômicas.

As demonstrações contábeis também objetivam apresentar os resultados da atuação da administração, em face de seus deveres e responsabilidades na gestão diligente dos recursos que lhe foram confiados. Para satisfazer a esse objetivo, as demonstrações contábeis proporcionam informação da entidade acerca do seguinte:

(a) ativos;

(b) passivos;

(c) patrimônio líquido;

(d) receitas e despesas, incluindo ganhos e perdas;

(e) alterações no capital próprio mediante integralizações dos proprietários e distribuições a eles; e

(f) fluxos de caixa.

Essas informações, juntamente com outras informações constantes das notas explicativas, auxiliam os usuários das demonstrações contábeis a prever os futuros fluxos de caixa da entidade e, em particular, a época e o grau de certeza de sua geração.

1.3 CONSIDERAÇÕES GERAIS EM RELAÇÃO AS DEMONSTRAÇÕES CONTÁBEIS

1.3.1 Apresentação apropriada e conformidade com as práticas contábeis brasileiras

Segundo o item 15 do pronunciamento técnico CPC 26(R1), as demonstrações contábeis devem representar apropriadamente a posição financeira e patrimonial, o desempenho e os fluxos de caixa da entidade. Para apresentação adequada, é necessária a representação fidedigna dos efeitos das transações, outros eventos e condições de acordo com as definições e critérios de reconhecimento para ativos, passivos, receitas e despesas como estabelecidos na Estrutura Conceitual para Elaboração e Divulgação de Relatório Contábil-Financeiro.

Presume-se que a aplicação dos Pronunciamentos Técnicos, Interpretações e Orientações do CPC, com divulgação adicional quando necessária, resulta em demonstrações contábeis que se enquadram como representação apropriada.

A entidade cujas demonstrações contábeis estão em conformidade com os Pronunciamentos Técnicos, Interpretações e Orientações do CPC, de acordo com o item 16 do pronunciamento técnico CPC 26(R1), deve declarar de forma explícita e sem reservas essa conformidade nas notas explicativas. A entidade não deve afirmar que suas demonstrações contábeis estão de acordo com esses Pronunciamentos Técnicos, Interpretações e Orientações a menos que cumpra todos os seus requisitos.

1.3.2 Continuidade

De acordo com o item 25 do pronunciamento técnico CPC 26(R1), quando da elaboração das demonstrações contábeis, a administração deve fazer a avaliação da capacidade da entidade continuar em operação no futuro previsível. As demonstrações contábeis devem ser elaboradas no pressuposto da continuidade, a menos que a administração tenha intenção de liquidar a entidade ou cessar seus negócios, ou ainda não possua uma alternativa realista senão a descontinuidade de suas atividades.

É importante destacar que quando as demonstrações contábeis não forem elaboradas no pressuposto da continuidade, esse fato deve ser divulgado, juntamente com as bases sobre as quais as demonstrações contábeis foram elaboradas e a razão pela qual não se pressupõe a continuidade da entidade.

Ao avaliar se o pressuposto de continuidade é apropriado, de acordo com o item 26 do pronunciamento técnico CPC 26(R1), a administração deve levar em consideração toda a informação disponível sobre o futuro, que é o período mínimo (mas não limitado a esse período) de doze meses a partir da data do balanço. O grau de consideração depende dos fatos de cada caso.

1.3.3 Regime de competência

A entidade deve elaborar as suas demonstrações contábeis, exceto para a demonstração dos fluxos de caixa, utilizando-se do regime de competência.

Quando o regime de competência é utilizado, segundo o item 28 do pronunciamento técnico CPC 26(R1), os itens são reconhecidos como ativos, passivos, patrimônio líquido, receitas e despesas (os elementos das demonstrações contábeis) quando satisfazem as definições e os critérios de reconhecimento para esses elementos contidos na Estrutura Conceitual para Elaboração e Divulgação de Relatório Contábil-Financeiro.

1.3.4 Materialidade e Agregação

Segundo o item 29 do pronunciamento técnico CPC 26(R1), a entidade deve apresentar separadamente nas demonstrações contábeis cada classe material de itens semelhantes. A entidade deve apresentar separadamente os itens de natureza ou função distinta, a menos que sejam imateriais.

As demonstrações contábeis resultam do processamento de grande número de transações ou outros eventos que são agregados em classes de acordo com a sua natureza ou função. A fase final do processo de agregação e classificação é a apresentação de dados condensados e classificados que formam itens das demonstrações contábeis.

Caso um item não for individualmente material, deve ser agregado a outros itens, seja nas demonstrações contábeis, seja nas notas explicativas. Um item pode não ser suficientemente material para justificar a sua apresentação individualizada nas demonstrações contábeis, mas pode ser suficientemente material para ser apresentado de forma individualizada nas notas explicativas.

Ademais, de acordo com o item 31 do pronunciamento técnico CPC 26(R1), a entidade não precisa fornecer uma divulgação específica, requerida por um Pronunciamento Técnico, Interpretação ou Orientação do CPC, se a informação não for material.

1.3.5 Compensação de Valores

De acordo com o item 32 do pronunciamento técnico CPC 26(R1), a entidade não deve compensar ativos e passivos ou receitas e despesas, a menos que a compensação seja exigida ou permitida por um Pronunciamento Técnico, Interpretação ou Orientação do CPC.

A entidade deve informar separadamente os ativos e os passivos, as receitas e as despesas. A compensação desses elementos no balanço patrimonial ou na demonstração do resultado, exceto quando refletir a essência da transação ou outro evento, prejudica a capacidade dos usuários de compreender as transações, outros eventos e condições que tenham ocorrido e de avaliar os futuros fluxos de caixa da entidade.

A mensuração de ativos líquidos de perdas relacionadas, segundo o item 33 do pronunciamento técnico CPC 26(R1), como, por exemplo, perdas de obsolescência nos estoques ou perdas de créditos de liquidação duvidosa nas contas a receber de clientes, não é considerada compensação.

Adicionalmente, nos termos do item 35 do pronunciamento técnico CPC 26(R1), ganhos e perdas provenientes de grupo de transações semelhantes devem ser apresentados em base líquida, por exemplo, ganhos e perdas de diferenças cambiais ou ganhos e perdas provenientes de instrumentos financeiros classificados como para negociação. Não obstante, esses ganhos e perdas devem ser apresentados separadamente se forem materiais.

1.3.6 Frequência de Apresentação das Demonstrações Contábeis

De acordo com o item 36 do pronunciamento técnico CPC 26(R1), o conjunto completo das demonstrações contábeis deve ser apresentado pelo menos anualmente (inclusive informação comparativa). Quando se altera a data de encerramento das demonstrações contábeis da entidade e as demonstrações contábeis são apresentadas para um período mais longo ou mais curto do que um ano, a entidade deve divulgar, além do período abrangido pelas demonstrações contábeis:

(a) a razão para usar um período mais longo ou mais curto; e

(b) o fato de que não são inteiramente comparáveis os montantes comparativos apresentados nessas demonstrações.

1.3.7 Informação Comparativa Mínima

Segundo o item 38 do pronunciamento técnico CPC 26(R1), a menos que um Pronunciamento Técnico, Interpretação ou Orientação do CPC permita ou exija de outra forma, a entidade deve divulgar informação comparativa com respeito ao período anterior para todos os montantes apresentados nas demonstrações contábeis do período corrente. Também deve ser apresentada de forma comparativa a informação narrativa e descritiva que vier a ser apresentada quando for relevante para a compreensão do conjunto das demonstrações do período corrente.

Nos termos do item 38A do pronunciamento técnico CPC

26(R1), a entidade deve apresentar como **informação mínima** dois balanços patrimoniais, duas demonstrações do resultado (se apresentadas separadamente), duas demonstrações dos fluxos de caixa, duas demonstrações das mutações do patrimônio líquido e duas demonstrações do valor adicionado (se apresentadas), bem como as respectivas notas explicativas.

1.3.8 Informação Comparativa Adicional

De acordo com o item 38C do pronunciamento técnico CPC 26(R1), a entidade pode apresentar informações comparativas adicionais ao mínimo exigido pelos Pronunciamentos Técnicos para as demonstrações contábeis, contanto que a informação seja elaborada de acordo com os pronunciamentos técnicos. Essa informação comparativa pode consistir de uma ou mais demonstrações referidas no item 10, mas não precisa compreender o conjunto completo das demonstrações contábeis. Quando este for o caso, a entidade deve apresentar em nota explicativa a informação quanto a estas demonstrações adicionais.

1.3.9 Mudança na Política Contábil, Demonstração Retrospectiva ou Reclassificação

Segundo o item 40A do pronunciamento técnico CPC 26(R1), a entidade deve apresentar um terceiro balanço patrimonial no início do período anterior, adicional aos comparativos mínimos das demonstrações contábeis exigidas no item 38A se:

(a) aplicar uma política contábil retrospectivamente (mudança nas políticas contábeis), fizer uma reapresentação retrospectiva de itens nas suas demonstrações contábeis (correção de erro) ou reclassificar itens de suas demonstrações contábeis; e

(b) a aplicação retrospectiva, a reapresentação retrospectiva ou a reclassificação tiver efeito material sobre as informações do balanço patrimonial no início do período anterior.

Esses balanços patrimoniais nos termos do item 40B do pronunciamento técnico CPC 26(R1), devem apresentar a situação patrimonial no:

(a) final do período corrente;

(b) final do período anterior; e

(c) no início do período precedente.

1.3.10 Consistência de Apresentação

Segundo o item 45 do pronunciamento técnico CPC 26(R1), a apresentação e a classificação de itens nas demonstrações contábeis devem ser mantidas de um período para outro, exceto se:

(a) for evidente, após uma alteração significativa na natureza das operações da entidade ou uma revisão das respectivas demonstrações contábeis, que outra apresentação ou classificação seja mais apropriada, tendo em vista os critérios para a seleção e aplicação de políticas contábeis contidos no Pronunciamento Técnico CPC 23; ou

(b) outro Pronunciamento Técnico, Interpretação ou Orientação do CPC requerer alteração na apresentação.

Assim, por exemplo, a aquisição ou alienação significativa, ou a revisão da apresentação das demonstrações contábeis pode indicar que as demonstrações contábeis devam ser apresentadas diferentemente.

1.4 IDENTIFICAÇÃO DAS DEMONSTRAÇÕES CONTÁBEIS

Segundo o item 49 do pronunciamento técnico CPC 26(R1), as demonstrações contábeis devem ser identificadas claramente e distinguidas de qualquer outra informação que porventura conste no mesmo documento publicado.

As práticas contábeis brasileiras são aplicáveis apenas às demonstrações contábeis e não necessariamente à informação apresentada em outro relatório anual, relatório regulatório ou qualquer outro documento. Por isso, é importante que os usuários possam distinguir a informação elaborada utilizando-se das práticas contábeis brasileiras de qualquer outra informação que possa ser útil aos seus usuários, mas que não são objeto dos requisitos das referidas práticas.

Cada demonstração contábil e respectivas notas explicativas, de acordo com o item 51 do pronunciamento técnico CPC 26(R1), devem ser identificadas claramente. Além disso, as seguintes informações devem ser divulgadas de forma destacada e repetidas quando necessário para a devida compreensão da informação apresentada:

(a) o nome da entidade às quais as demonstrações contábeis dizem respeito ou outro meio que permita sua identificação, bem como qualquer alteração que possa ter ocorrido nessa identificação desde o término do período anterior;

(b) se as demonstrações contábeis se referem a uma entidade individual ou a um grupo de entidades;

(c) a data de encerramento do período de reporte ou o período coberto pelo conjunto de demonstrações contábeis ou notas explicativas;

(d) a moeda de apresentação, tal como definido no pronunciamento técnico CPC 02(R2); e

(e) o nível de arredondamento usado na apresentação dos valores nas demonstrações contábeis.

Além disso, nos termos do item 53 do pronunciamento técnico CPC 26(R1), as demonstrações contábeis tornam-se muitas vezes mais compreensíveis pela apresentação de informação em milhares ou milhões de unidades da moeda de apresentação. Esse procedimento é aceitável desde que o nível de arredondamento na apresentação seja divulgado e não seja omitida informação material.

1.5 DEMONSTRAÇÕES FINANCEIRAS NAS NORMAS BRASILEIRAS PELA LEGISLAÇÃO SOCIETÁRIA

1.5.1 Demonstrações Financeiras

De acordo com as normas brasileiras pela legislação societária, com a nova redação dada ao art. 176 da Lei nº 6.404/76 pela Lei nº 11.638/07, tendo em vista apresentar informação sobre a posição patrimonial e financeira, do desempenho e dos fluxos de caixa da entidade que seja útil a um grande número de usuários em suas avaliações e tomada de decisões deverão ser elaboradas no encerramento do exercício, com base na escrituração contábil, as seguintes demonstrações financeiras:

- o balanço patrimonial;
- a demonstração de lucros ou prejuízos acumulados (mutações do patrimônio líquido, no caso de companhias abertas);

- a demonstração do resultado do exercício;
- a demonstração do fluxo de caixa;
- a demonstração do valor adicionado (no caso de companhias abertas);
- notas explicativas.

A obrigatoriedade da publicação da demonstração do valor adicionado pelas companhias abertas não faz parte do escopo da estrutura para a preparação e apresentação das demonstrações financeiras do IASB (Conselho de padrões de Contabilidade Internacional), nem dos *United States Generally Accept Accounting Principles* - US-GAAP (princípios de contabilidade geralmente aceitos norte-americanos).

Além disso, de acordo com o § 6º do art. 176 da Lei nº 6.404/76 com redação dada pela Lei nº 11.638/07, a companhia fechada com patrimônio líquido, na data do balanço patrimonial, inferior a R$ 2.000.000,00 (dois milhões de reais) não será obrigada à elaboração e publicação da demonstração dos fluxos de caixa.

As demonstrações financeiras deverão ser publicadas de forma comparativa, ou seja, com a apresentação dos valores referentes às demonstrações do exercício anterior, conforme dispõe o §1º do art. 176 da Lei nº 6.404/76, viabilizando dessa forma a análise da situação econômica e financeira da entidade.

As demonstrações financeiras deverão apresentar as receitas e os ganhos do período, independentemente de seu recebimento e os custos, despesas, encargos e perdas pagos ou incorridos, correspondentes a esses ganhos e receitas, conforme preceitua o § 1º do art. 187 da Lei nº 6.404/76.

Na elaboração das demonstrações financeiras, segundo o § 2º do art. 176 da Lei nº 6.404/76, as contas semelhantes poderão ser agrupadas, os pequenos saldos poderão ser agregados desde que indicada a sua natureza e não ultrapassem a 10% do valor do respectivo grupo de contas, não sendo permitida a utilização de designações genéricas, como "diversas contas" ou "contas-correntes".

O objetivo da Lei é o de permitir a síntese, buscando dar às pessoas interessadas informações suficientes sem entrar em pormenores insignificantes, mas sem prejudicar a clareza, sendo que a definição de grupos de contas encontra-se no § 1º do art. 178 da Lei nº 6.404/76 com redação dada pela Lei nº 11.941/09, que divide o ativo em ativo circulante e ativo não circulante e no § 2º do art. 178 da Lei nº 6.404/76 com redação dada pela Lei nº 11.941/09, que divide o passivo em passivo circulante, passivo não circulante e patrimônio líquido.

O balanço patrimonial, segundo as normas brasileiras, tem por finalidade evidenciar, de forma qualitativa e quantitativa, a situação patrimonial e financeira da entidade, com base nos fatos contábeis registrados na escrituração contábil. Trata-se, pois, de uma posição estática do patrimônio da entidade em determinado momento, que reflete a sua situação econômico-financeira.

A demonstração do resultado do exercício apresenta de forma ordenada as receitas e ganhos deduzidas das despesas e perdas necessárias à sua obtenção, de maneira tal que fique evidenciado o resultado operacional, o resultado antes do imposto de renda e da contribuição social, o resultado antes das participações e o lucro líquido do exercício da entidade.

Já a demonstração de lucros e prejuízos acumulados que segundo o § 2º do art. 186 da Lei nº 6.404/76, pode ser substituída pela demonstração das mutações do patrimônio líquido, tem por fim apresentar de uma forma ordenada a movimentação ocorrida na conta de lucros ou prejuízos acumulados durante o exercício, representando, então, um elo de ligação entre a demonstração do resultado do exercício e o balanço patrimonial.

Por outro lado, a demonstração do fluxo de caixa tem por fim apresentar de uma forma ordenada a variação ocorrida nas disponibilidades, isto é, objetiva proporcionar aos usuários da informação contábil uma base para avaliar a capacidade de a entidade gerar caixa e equivalentes de caixa, bem como suas necessidades de liquidez.

1.6 DEMONSTRAÇÕES CONTÁBEIS NAS NORMAS BRASILEIRAS PELO CPC

De acordo com as normas brasileiras pelo CPC, um conjunto completo de demonstrações contábeis, segundo o item 10 do pronunciamento técnico CPC 26(R1), é composto pelo:

- balanço patrimonial ao final do período;
- demonstração do resultado do período;
- demonstração do resultado abrangente do período;
- demonstração das mutações do patrimônio líquido do período;
- demonstração do fluxo de caixa do período;
- demonstração do valor adicionado do período, se exigido legalmente ou por algum órgão regulador ou mesmo se apresentada voluntariamente;
- notas explicativas, incluindo um resumo das políticas contábeis significativas e outras informações explanatórias.

Essas demonstrações contábeis devem apresentar adequadamente, de forma estruturada, a posição financeira e patrimonial, o resultado das operações e o fluxo de caixa da entidade em determinada data, de acordo com as práticas contábeis adotadas no Brasil. Objetivam fornecer informações sobre a situação financeira e patrimonial, o resultado e o fluxo financeiro de uma entidade, que são úteis a uma ampla variedade de usuários na tomada de decisões. Assim, as demonstrações contábeis auxiliam os usuários a estimar os resultados futuros e os fluxos financeiros futuros da entidade.

Nas normas brasileiras pelo CPC, de forma similar as normas brasileiras pela legislação societária, conforme dispõe o item 57 do pronunciamento técnico CPC 26(R1), as rubricas relacionadas na norma são amplas por natureza, não sendo prescrita a ordem (embora a ordem legal deva ser observada) ou o formato que deva ser utilizado; portanto, não devem ser limitadas aos itens nela consubstanciados. Assim, adicionalmente:

- contas do balanço patrimonial devem ser incluídas sempre que o tamanho, natureza ou função de um item ou agregação de itens similares apresentados separadamente seja relevante na compreensão da posição financeira da entidade;
- a nomenclatura de contas utilizada e sua ordem de apresentação ou agregação de itens semelhantes podem ser modificadas de acordo com a natureza da entidade e de suas transações, no sentido de fornecer informação que

seja relevante na compreensão da posição financeira e patrimonial da entidade, a exemplo de uma instituição financeira que pode ter que modificar a nomenclatura no sentido de fornecer informação relevante no contexto das operações de instituições financeiras.

No que tange as práticas contábeis, consideram-se abrangidas no contexto das práticas contábeis adotadas no Brasil, as práticas amparadas na legislação societária e aquelas reconhecidas pelos órgãos reguladores como avanço na convergência com as normas contábeis no âmbito internacional.

Nesse sentido, os efeitos de transações e outros eventos devem considerar também os aspectos contábeis que são específicos para os diferentes segmentos do mercado, conforme disciplinado pelos órgãos reguladores, tais como o Banco Central do Brasil, a Comissão de Valores Mobiliários, a Superintendência de Seguros Privados etc.

Ademais, conforme determina o item 16 do pronunciamento técnico CPC 26 (R1), as entidades cujas demonstrações contábeis são elaboradas de acordo com os pronunciamentos, interpretações e orientações do CPC devem divulgar tal fato de forma clara e sem reservas nas notas explicativas.

Assim, no que tange a composição das demonstrações contábeis, observa-se que as principais diferenças em relação a legislação societária são:

- o CPC utiliza a expressão "demonstrações contábeis" ao invés de "demonstrações financeiras";
- o CPC utiliza a expressão "demonstração do resultado do período" ao invés de "demonstração do resultado do exercício";
- o CPC exige mais informações no relatório da administração;
- o CPC possibilita, já que não tornou obrigatória, a apresentação da demonstração do valor adicionado, enquanto que a legislação societária obriga as companhias abertas;
- o CPC exige a apresentação da demonstração do resultado abrangente não exigida pela legislação societária;
- o CPC define claramente que outras demonstrações e in-

formações adicionais serão consideradas como informações complementares, não fazendo parte, portanto, das demonstrações contábeis.

1.7 TRATAMENTO CONTÁBIL PARA PEQUENAS E MÉDIAS EMPRESAS

Os conceitos apresentados referentes as demonstrações contábeis também são aplicáveis às entidades de pequeno e médio porte. No entanto, segundo o item 3.17 do pronunciamento técnico PME, a demonstração do valor adicionado não faz parte do escopo das demonstrações contábeis para pequenas e médias empresas.

2. BALANÇO PATRIMONIAL

2.1 ASPECTOS GERAIS

Nesse capítulo, serão apresentadas as normas relativas ao balanço patrimonial tanto pela legislação societária, quanto pelo Comitê de Pronunciamentos Contábeis - CPC, tendo em vista a hierarquia das Leis em nosso ordenamento jurídico, isto é, a Lei nº 6.404/76 e suas posteriores alterações são hierarquicamente superiores as normas pelo CPC.

É por essa razão, que em vários dispositivos (itens) dos pronunciamentos técnicos, por exemplo item 54 do pronunciamento técnico CPC 26(R1), aparece a informação "observada a legislação", justamente pelo fato de que uma norma do CPC não pode ir contra a determinação da legislação societária; portanto, há que se considerar sempre a legislação societária.

Além disso, as sociedades anônimas de capital fechado devem elaborar suas demonstrações financeiras de acordo com a Lei nº 6.404/76 e suas posteriores alterações.

2.1.1 Normas Brasileiras pela Legislação Societária

Segundo dispõe o art. 178 da Lei nº 6.404/76, as contas no

balanço patrimonial serão agrupadas de modo a facilitar o entendimento e a análise da situação financeira da companhia. O balanço patrimonial tem por finalidade evidenciar, de forma qualitativa e quantitativa, a situação patrimonial e financeira da empresa e dos atos registrados na escrituração contábil. Além disso, ele deve ser estruturado de acordo com os preceitos da legislação societária, bem como segundo a estrutura conceitual para elaboração e divulgação de relatório contábil-financeiro.

No balanço patrimonial são apresentados os elementos que compõem o patrimônio de uma companhia em determinado momento com seus valores, permitindo a análise da situação patrimonial e financeira da mesma.

2.1.2 Normas Brasileiras pelo CPC

Em relação ao balanço patrimonial, segundo o CPC, as normas de elaboração estão consubstanciadas nos itens 54 a 80 do pronunciamento técnico CPC 26(R1) o qual não prescreve a ordem ou o formato que deva ser utilizado na apresentação das contas do balanço patrimonial. No entanto, a ordem legalmente instituída no Brasil deve ser observada, isto é, ordem decrescente de liquidez.

Na prática o item 54 do pronunciamento técnico CPC 26(R1), simplesmente lista os itens que são suficientemente diferentes na sua natureza ou função para assegurar uma apresentação individualizada adequada no balanço patrimonial.

2.2 ATIVO

2.2.1 Normas Brasileiras pela Legislação Societária

Nas normas brasileiras pela legislação societária não existe a definição clara de ativo, ficando essa responsabilidade a cargo da doutrina, uma vez que a Lei das Sociedades por Ações somente determina a forma de apresentação do ativo no balanço patrimonial, conforme evidenciado no § 1° do art. 178 da Lei 6404/76.

Segundo Santos, Schmidt, Gomes e Fernandes (2003), O ativo compreende os recursos controlados pela entidade, como resultado de eventos passados, capazes de gerar fluxos futuros de caixa e são representados por bens e direitos. Os componentes do ativo são classificados de acordo com a destinação específica, que varia segundo os fins da entidade.

No ativo, segundo o § 1º do art. 178 da Lei nº 6.404/76, as contas serão dispostas em ordem decrescente de grau de liquidez dos elementos nelas registrados, ou seja, deve ser classificada no início da demonstração a conta caixa por representar o numerário em poder da empresa, justamente por ser o bem mais líquido e assim sucessivamente de acordo com o prazo em que o bem ou direito se converterá em moeda.

2.2.2 Normas Brasileiras pelo CPC

Diferentemente das normas brasileiras pela legislação societária, nas normas pelo CPC, a definição de ativo está expressa na alínea "a" do item 4.4 do pronunciamento conceitual básico do CPC(R1), segundo o qual ativo é um recurso controlado pela entidade como resultado de eventos passados e do qual se espera que resultem futuros benefícios econômicos para a entidade.

2.3 CLASSIFICAÇÃO DO ATIVO

2.3.1 Normas Brasileiras pela Legislação Societária

De acordo com as normas brasileiras pela legislação societária, descritas no § 1º do art. 178 da Lei nº 6.404/76 com redação dada pela Lei nº 11.941/09, o ativo, quando de sua estruturação, é dividido nos seguintes grupos:

- ativo circulante;
- ativo não circulante.

2.3.2 Normas Brasileiras pelo CPC

Da mesma forma que nas normas pela legislação societária, de acordo com o item 61 do pronunciamento técnico CPC 26(R1), qualquer que seja o método de apresentação adotado, a entidade deve evidenciar o montante esperado a ser recuperado em até doze meses ou mais do que doze meses para cada item de ativo, ou seja, quando da elaboração do balanço patrimonial, o mesmo será dividido em:

- ativo circulante;
- ativo não circulante.

A exceção a essa regra de 12 meses ocorre, segundo o item 60 do pronunciamento técnico CPC 26(R1), quando uma apresentação baseada na liquidez proporcionar informação confiável e mais relevante. Quando essa exceção for aplicável, todos os ativos e passivos devem ser apresentados por ordem de liquidez. É importante observar que mesmo no caso dessa exceção os ativos devem ser subdivididos em circulante e não circulante, mas todas as contas deverão estar em ordem de liquidez.

Na prática essa classificação item a item em ordem de liquidez é inexequível, pois um mesmo item pode ter diversos prazos de realização, a exemplo da conta de clientes; portanto, será necessário utilizar um critério arbitrário, tal como o prazo médio para atender a esse dispositivo legal.

2.4 ATIVO CIRCULANTE

2.4.1 Normas Brasileiras pela Legislação Societária

Em síntese, pode-se dizer que serão classificados no ativo circulante o dinheiro em caixa e os bens e direitos que serão transformados em dinheiro durante o ciclo operacional da empresa ou o exercício social seguinte, quando este for menor, além é claro, das despesas do exercício seguinte.

A exceção à regra de classificação do ativo no circulante quando ele se realizar no exercício seguinte, ocorre em relação aos adiantamentos ou empréstimos concedidos a diretores, acionistas, participantes do lucro, coligadas e controladas, que por força do inciso II do art. 179 da Lei nº 6.404/76, deve ser classificado no realizável a longo prazo, quando não se referirem às operações normais da empresa, independentemente do termo contratual.

O ativo circulante deverá ser subdividido em disponibilidades, direitos realizáveis no curso do exercício social subsequente e em aplicações de recursos em despesas do exercício seguinte. Assim, o ativo circulante será dividido, de acordo com o inciso I do art. 178 da Lei nº 6.404/76 nos seguintes subgrupos:

- disponibilidades;
- direitos realizáveis;
- despesas do exercício seguinte.

Disponibilidades: nesse subgrupo são classificados o dinheiro em caixa, numerários em contas bancárias, as aplicações financeiras de curtíssimo prazo disponíveis na data do balanço e o numerário em trânsito de qualquer natureza; em outras palavras, elas representam o dinheiro em mãos e aquele depositado em bancos, ou seja, os recursos disponíveis na data da elaboração das demonstrações financeiras. São os recursos financeiros que se encontram à disposição imediata da empresa e compreendem os meios de pagamento em moeda e em outras espécies, os depósitos bancários a vista e os títulos de liquidez imediata. Exemplos: caixa, bancos, aplicações de liquidez imediata e numerário em trânsito.

Direitos realizáveis (créditos): nesse subgrupo, são classificados os direitos de crédito oriundos de receitas de vendas a prazo de mercadorias e serviços a clientes, ou decorrentes de outras transações que geram valores a receber. Também se classificam nesse subgrupo, de acordo com a legislação societária, os estoques de mercadorias para revenda, matérias-primas, produtos em elaboração e produtos prontos. Já a Norma brasileira de Contabilidade (NBC)- T3 classifica os estoques em subgrupo separado, com o objetivo de destacar os estoques, que, especialmente na indústria e no comércio, representam um valor significativo do ativo circulante. Exemplos: clientes, duplicatas a receber, aluguéis a receber, PECLD, estoques, adiantamentos a funcionários, adiantamentos a fornecedores, impostos a recuperar, contas a receber, adiantamento de viagens, animais para abate, cheques a receber etc.

Despesas do exercício seguintes: são classificados nesse subgrupo os valores de despesas antecipadas que devam ser apropriados como despesa no decurso do exercício seguinte (regime de competência); referem-se à aplicação de recursos em despesas que deverão constituir um direito para a entidade. Deverão corresponder a pagamento de despesas ainda não incorridas, numa relação contratual em que o beneficiário do pagamento irá cumprir, no exercício seguinte, a obrigação correspondente ao preço já pago ou contratado. Em outras palavras, engloba todas as despesas não incorridas contratadas junto a terceiros, cuja contraprestação de serviço ainda não foi realizada. Exemplos: assinaturas pagas antecipadamente, seguros pagos antecipadamente e aluguéis pagos antecipadamente.

2.4.2 Normas Brasileiras pelo CPC

Nas normas brasileiras pelo CPC, de acordo com o item 66

do pronunciamento técnico CPC 26(R1), um ativo será classificado no circulante quando:

- espera-se que seja realizado, ou pretende-se que seja vendido ou consumido no decurso normal do ciclo operacional da entidade;
- está mantido essencialmente com o propósito de ser negociado;
- espera-se que seja realizado até doze meses após a data do balanço; ou
- é caixa ou equivalente de caixa, a menos que sua troca ou uso para liquidação de passivo se encontre vedada durante pelo menos doze meses após a data do balanço.

Nesse sentido, considera-se ciclo operacional da entidade, de acordo com o item 68 do pronunciamento técnico CPC 26(R1), o tempo entre a aquisição de ativos para processamento e sua realização em caixa ou seus equivalentes. Além disso, quando o ciclo operacional normal da entidade não for claramente identificável, pressupõe-se que sua duração seja de doze meses.

Conforme evidenciado anteriormente, verifica-se que diferentemente da legislação societária, o CPC não adota a expressão "até o término do exercício seguinte", mas sim "doze meses", o que acaba com uma discussão antiga sobre as reclassificações para curto prazo, nas demonstrações contábeis intermediárias, ou seja, de acordo com o CPC o prazo para a classificação de um ativo como circulante é sempre de doze meses, exceto quando o ciclo operacional for maior. Essa classificação em doze meses está de acordo com o procedimento adotado internacionalmente nas normas do IASB e US-GAAP.

Diferentemente da legislação societária as normas pelo CPC não determinam que os créditos com entidades ligadas ou administradores, que não constituírem negócios usuais na exploração do objeto da entidade devam ser classificados como não circulantes. Portanto, de acordo com o CPC esses créditos serão classificados no circulante ou não circulante de acordo com o prazo de realização. Esse procedimento está de acordo com o adotado internacionalmente.

Além disso, como ocorre na legislação societária, a entidade em que o ciclo operacional tiver duração maior do que o período de 12 meses, a classificação como circulante ou não circulante terá por base o prazo desse ciclo, conforme dispõe o item 66 combinado com o 68 do pronunciamento técnico CPC 26(R1).

Ademais, nas normas brasileiras pelo CPC, conforme dispõe o item 68 do pronunciamento técnico CPC 26(R1), ativos circulantes são ativos (como estoques e contas a receber de clientes) que são vendidos, consumidos ou realizados dentro do ciclo operacional normal da entidade, mesmo quando não se espera que sejam realizados no período de até 12 meses após a data do balanço. Esse tratamento contábil está de acordo com as normas internacionais, em que independentemente do prazo de realização os estoques e os recebíveis são classificados sempre no ativo circulante.

Nas normas brasileiras pelo CPC, no ativo circulante devem ser apresentadas, **respeitada a legislação**, no mínimo, de acordo com o item 54 combinado com o item 57 do pronunciamento técnico CPC 26(R1), os seguintes subgrupos:

- caixa e equivalentes de caixa;
- clientes e outros recebíveis;
- estoques;
- ativos financeiros mensurados a valor justo por meio do resultado (CPC 38);
- ativos financeiros disponíveis para venda (CPC 38);
- ativos não circulantes mantidos para venda (CPC 31);
- despesas do exercício seguinte (respeitada a legislação societária).

Além disso, de acordo com a alínea "b" do item 78 do pronunciamento técnico CPC 26 (R1), as contas a receber são segregadas em montantes a receber de:

- clientes comerciais;
- contas a receber de partes relacionadas;
- pagamentos antecipados;
- outros montantes a receber.

Essa evidenciação analítica das contas a receber poderá ser feita no balanço patrimonial ou em notas explicativas. Portanto, é interessante evidenciar no balanço patrimonial o total a receber de clientes e outros recebíveis e em notas explicativas a sua composição.

Ademais, é importante destacar que diferentemente da legislação societária que obriga a evidenciação das contas a receber com partes relacionadas no ativo realizável a longo prazo quando a transação (contrato de mútuo) não fizer parte das operações normais da entidade, no CPC esses ativos serão classificados no circulante quando o vencimento se der nos próximos 12 meses ou no não circulante quando o prazo exceder de 12 meses.

Assim, verifica-se que o CPC, diferentemente da legislação societária, ampliou os agrupamentos de contas a serem apresentadas no circulante, em comparação com a legislação societária, ficando mais compatível com o tratamento contábil adotado internacionalmente.

2.5 ATIVO NÃO CIRCULANTE

2.5.1 Normas Brasileiras pela Legislação Societária

De acordo com as normas brasileiras pela legislação societária, são classificados no ativo não circulante todos os bens de permanência duradoura, destinados ao funcionamento normal da sociedade e do seu empreendimento, assim como os direitos exercidos com essa finalidade, de outra forma, representam valores não destinados a negociação no momento da elaboração das demonstrações financeiras. Além disso, o ativo não circulante divide-se, segundo o § 1º do art. 178 da Lei nº 6.404/76 com redação dada pela Lei nº 11.941/09, em realizável a longo prazo, investimentos, imobilizado e intangível.

2.5.1.1 Realizável a longo prazo

Nas normas brasileiras pela legislação societária, de acordo com o disposto no inciso II do art. 179 da Lei nº 6.404/76 devem ser classificados no grupo realizável a longo prazo:

- os direitos realizáveis após o término do exercício seguinte;
- os direitos derivados de vendas, adiantamentos ou empréstimos a sociedades coligadas ou controladas, diretores, acionistas ou participantes no lucro da companhia, que não constituírem negócios usuais na exploração do objeto da companhia.

Conforme evidenciado anteriormente, a classificação no longo prazo, conforme texto legal obedece a dois fatores: fator tempo e condição do devedor. Com relação ao fator tempo devem ser classificados no realizável a longo prazo os direitos realizáveis após o término do exercício seguinte.

Com relação a condição do devedor, é irrelevante o prazo de realização. Assim, se a companhia com objetivos comerciais, conceder um empréstimo ou adiantamento em dinheiro a diretor, acionista, coligada ou controlada, deverá considerar este adiantamento no realizável a longo prazo, ainda que o termo contratual do empréstimo esteja fixado no curto prazo, por outro lado, se a mesma lhe vender uma mercadoria a prazo, o mesmo deverá ser considerado como cliente e classificado no ativo circulante.

Exemplos: contas a receber a longo prazo, empréstimos (adiantamentos) a controladas, empréstimos (adiantamentos) a sócios, empréstimos compulsórios, depósitos judiciais, adiantamento a diretores, adiantamento a controladas etc.

2.5.1.2 Investimentos

São classificados no subgrupo investimentos, de acordo com o inciso III do art. 179 da Lei nº 6.404/76, as participações a título de ações ou cotas, com objetivo de permanência em outras sociedades, e os direitos de qualquer natureza não classificáveis no ativo circulante, realizável a longo prazo, imobilizado ou intangível; mesmo tendo a Lei omitido o realizável a longo prazo, ele deve ser considerado, ou seja, se existe a intenção de manter o bem na entidade e este não é um bem corpóreo ou incorpóreo destinado a manutenção da atividade da entidade (imobilizado e intangível), ele será considerado como investimento.

Exemplos: participações em controladas, participações em outras empresas, participações em incentivos fiscais, obras de arte, antiguidades, imóveis de renda etc.

2.5.1.3 Imobilizado

Classificam-se no subgrupo imobilizado, segundo o inciso IV do art. 179 da Lei nº 6.404/76 com redação dada pela Lei nº 11.638/07, os direitos que tenham por objeto bens corpóreos destinados à manutenção das atividades da companhia, ou do negócio, ou exercidos com essa finalidade, inclusive os decorrentes de operações que transfiram à companhia os benefícios, riscos e controle desses bens.

Dessa forma, somente os bens corpóreos, isto é, aqueles que possuem matéria ou corpo físico (sujeitos ao toque) e que se destinem a manutenção da atividade da entidade serão classificados nesse subgrupo. Portanto, os bens intangíveis (não sujeitos ao toque), bem como os direitos da propriedade comercial ou industrial foram retirados do imobilizado e classificados em um grupo separado denominado ativo intangível.

Além disso, o inciso IV do art. 179 da Lei nº 6.404/76 alterada pela Lei nº 11.638/07, em consonância com os padrões internacionais de contabilidade, determina que no ativo imobilizado sejam incluídos os bens decorrentes de operações em que há transferência de benefícios, controle e risco, independentemente de haver transferência de propriedade.

Portanto, a aquisição de bens do ativo imobilizado por meio de contratos de arrendamento mercantil financeiros será registrada da mesma forma que os bens adquiridos por meio de financiamentos, o que do ponto de vista da teoria da contabilidade é mais apropriado, uma vez que, na essência, essas operações representam financiamentos para aquisição de bens e não aluguéis.

É a forma de utilização ou destino do bem o elemento essencial a sua classificação contábil, ou seja, no imobilizado são classificados os recursos corpóreos aplicados na exploração do objeto social e na manutenção das atividades da companhia.

A distinção entre direitos que tenham por objeto bens destinados a manter a atividade da companhia, ou direitos exercidos com a mesma finalidade, serve para justificar a inclusão de determinados direitos de crédito no imobilizado, tais como os adiantamentos a fornecedores de bens destinados ao ativo imobilizado.

Exemplos: terrenos em uso, prédios (imóveis de uso), instalações, máquinas e equipamentos, móveis e utensílios, veículos, equipamentos de informática, animais de tração, animais de reprodução, florestas formadas e respectivas contas de depreciação, amortização e exaustão acumuladas.

2.5.1.4 Diferido

O ativo diferido, a partir do advento da Lei nº 11.941/09 deixou de existir, sendo que o saldo existente em 31 de dezembro de 2008, de acordo com o art. 299-A da Lei nº 6.404/76 incluído pela Lei nº 11.941/09, que não puder ser alocado a outro grupo de contas, poderá ser mantido no ativo sob essa classificação até a sua completa amortização. Essa amortização será mantida nos mesmos critérios anteriormente vigentes.

No entanto, as despesas pré-operacionais de acordo com as normas do CPC devem ser registradas diretamente na despesa do exercício. Já para fins de determinação do lucro real, nos termos do art. 338 do RIR/18, não serão computadas, no período de apuração em que incorridas, as despesas:

I - de organização pré-operacionais ou pré-industriais, inclusive da fase inicial de operação, quando a empresa utilizou apenas parcialmente o seu equipamento ou as suas instalações; e

II - de expansão das atividades industriais.

As despesas pré-operacionais, de acordo com o parágrafo único do art. 338 do RIR/18, **poderão** ser excluídas para fins de determinação do lucro real, em quotas fixas mensais e no prazo mínimo de 5 (cinco) anos, a partir:

I - do início das operações ou da plena utilização das instalações, no caso do item I; e

II - do início das atividades das novas instalações, no caso do item II.

Dessa forma, as despesas que contribuirão para a formação do resultado de mais de um exercício social (conceito anterior de ativo diferido), a partir da Lei nº 11.941/09 serão registradas diretamente como despesas no resultado do exercício ou no ativo intangível caso se caracterizarem como tal.

2.5.1.5 Intangível

No ativo intangível, de acordo com o inciso VI do art. 179 da Lei nº 6.404/76 incluído pela Lei nº 11.638/07, serão classificados os direitos que tenham por objeto bens incorpóreos destinados à manutenção da companhia ou exercidos com essa finalidade, inclusive o fundo de comércio adquirido. Assim, todos os bens incorpóreos destinados a manutenção da atividade da empresa serão classificados nesse subgrupo.

É importante destacar que a expressão fundo de comércio adquirido tem sido utilizada indevidamente como sinônimo de *goodwill* adquirido (ágio na aquisição de investimentos fundamentado em expectativa de lucro futuro), pois o *goodwill* adquirido não se trata de um fundo e nem sempre é derivado do comércio.

Portanto, não é adequada a utilização da expressão fundo de comércio como sinônimo de *goodwill* adquirido. Assim, entende-se que a expressão fundo de comércio adquirido utilizada pela legislação societária, refere-se ao valor pago ou a pagar referente ao ponto comercial adquirido e não do *goodwill* (ágio fundamentado em expectativa de lucros futuros). O *goodwill*, de acordo com o item 26 da interpretação técnica ICPC 09(R2), deve ser classificado no subgrupo investimentos nas demonstrações contábeis individuais da investidora. Somente será classificado como ativo intangível nas demonstrações consolidadas, haja vista que a expectativa de rentabilidade futura é da investida e não da investidora.

Dessa forma, a expressão "fundo de comércio" continuará sendo utilizada para abrigar as aquisições do ponto comercial, isto é, o valor pago mediante contrato de compra de ponto comercial, o qual propicia ao adquirente o direito de explorar determinada atividade em determinado local que possui localização estratégica, clientela formada, segurança etc., a exemplo das aquisições de ponto comercial nos *shopping centers* e será classificada no ativo intangível por se tratar de um bem incorpóreo destinado a manutenção das atividades da empresa.

Também a mais-valia (ágio na aquisição de investimentos fundamentado em diferença de valor de mercado), nos termos do item 27 da interpretação técnica ICPC 09(R2), continuará sendo classificada como investimentos nas demonstrações financeiras individuais.

2.5.2 Normas Brasileiras pelo CPC

De acordo com o item 66 do pronunciamento técnico CPC 26(R1), todos os demais ativos devem ser classificados no ativo não circulante, isto é, outros ativos que não sejam caixa ou equivalente de caixa, cuja utilização não está restrita ou que se espera que seja realizado, ou é mantido para venda, negociação ou consumo dentro dos 12 meses seguintes à data do balanço, serão classificados no ativo não circulante.

Além disso, da mesma forma que nas normas pela legislação societária, conforme determina o item 67A do pronunciamento técnico CPC 26(R1), o ativo não circulante deve ser subdividido em:

- realizável a longo prazo;
- investimentos;
- imobilizado;
- intangível.

Além disso, de acordo com o item 54 do pronunciamento técnico CPC 26(R1), devem ser apresentadas no balanço patrimonial adicionalmente aos subgrupos apresentados anteriormente, no mínimo, as seguintes contas:

- ativos biológicos;
- investimentos avaliados pelo método de equivalência patrimonial;
- propriedades para investimento.

Diferentemente da legislação societária, conforme evidenciado anteriormente, a qual obriga a evidenciação das contas a receber com partes relacionadas não relacionadas à atividade da entidade no ativo realizável a longo prazo, no CPC esses ativos serão classificados no circulante quando o vencimento se der nos próximos 12 meses ou no não circulante quando o prazo exceder de 12 meses.

Ademais, da mesma forma que acontece nas normas internacionais, de acordo com o item 57 do pronunciamento técnico CPC 26(R1), essas são as rubricas mínimas a serem apresentadas no balanço patrimonial, ou seja, podem ser criadas rubricas adicionais, desde que, tal apresentação seja requerida por lei ou órgão regulador ou tornar-se relevante para um adequado entendimento da posição patrimonial e financeira da entidade.

2.6 PASSIVO

2.6.1 Normas Brasileiras pela Legislação Societária

Nas normas brasileiras pela legislação societária, não existe uma definição de passivo, apenas determinam no art. 180 da Lei nº 6.404/76 com redação dada pela Lei nº 11.941/09 que as obrigações da companhia, inclusive os financiamentos para a aquisição de direitos do ativo não circulante, serão classificados no passivo.

Segundo a doutrina contábil, o passivo representa os recursos consumidos pela entidade para a geração de fluxos de caixa futuros. Ele compreende as origens de recursos representadas pelas obrigações da companhia, tanto para com terceiros, quanto para os acionistas da companhia; ademais, conforme o texto legal, o passivo engloba inclusive o patrimônio líquido, conforme o disposto no § 2º do art. 178 da Lei nº 6.404/76 alterado pela Lei nº 11.941/09, o que do ponto de vista teórico não é correto.

Além disso, conforme se depreende da interpretação do art. 180 da Lei nº 6.404/76 com redação dada pela Lei nº 11.941/09, no passivo, as contas serão dispostas em ordem decrescente de exigibilidade dos elementos nelas registrados, ou seja, quanto menor o prazo de vencimento da obrigação mais no início do passivo ela deverá ser classificada.

2.6.2 Normas Brasileiras pelo CPC

A alínea "b" do item 4.4 do pronunciamento conceitual básico do CPC(R1) define passivo como sendo uma obrigação presente da entidade, derivada de eventos passados, cuja liquidação se espera que resulte em saída de recursos da entidade capazes de gerar benefícios econômicos.

Nas normas brasileiras pelo CPC, não existe uma determinação expressa, a exemplo do que ocorre na legislação societária, de que o patrimônio líquido faça parte do passivo, o que está de acordo com a abordagem utilizada internacionalmente e com a própria teoria da contabilidade. Portanto, ao se elaborar o balanço patrimonial pelo CPC o lado direito será denominado de passivo e patrimônio líquido.

Além disso, como ocorre na legislação societária, no passivo as contas devem ser classificadas, quando aplicável, em ordem decrescente de exigibilidade, conforme determina o item 57 do pronunciamento técnico CPC 26(R1).

2.7 CLASSIFICAÇÃO DO PASSIVO

2.7.1 Normas Brasileiras pela Legislação Societária

O passivo, segundo o § 2º do art. 178 da Lei nº 6.404/76 alterado pela Lei nº 11.941/09, é, quando de sua estruturação, dividido nos seguintes grupos:

- passivo circulante;
- passivo não circulante;
- patrimônio líquido.

Portanto, deixou de existir o grupo resultado de exercícios futuros e o passivo exigível a longo prazo passou a ser denominado de passivo não circulante, a exemplo das normas internacionais e do CPC.

Além disso, o saldo existente em resultado de exercícios futuros em 31 de dezembro de 2008, segundo o art. 299-B da Lei nº 11.941/09 deverá ser reclassificado para o passivo não circulante em conta representativa de receita diferida. Essa determinação legal de reclassificar os saldos somente para o passivo não circulante é incoerente, haja vista que uma parcela dos valores registrados nesse grupo, se referem ao passivo circulante porque serão exigíveis em até 12 meses.

2.7.2 Normas Brasileiras pelo CPC

Nas normas brasileiras pelo CPC, conforme se infere da análise do item 69 do pronunciamento técnico CPC 26(R1), o passivo deve ser classificado em:

- passivo circulante;
- passivo não circulante.

No passivo, quando aplicável, as contas devem ser dispostas em ordem decrescente de exigibilidade, conforme dispõe o item 57 do pronunciamento técnico CPC 26(R1) combinado com o art. 178 da Lei nº 6404/76. Esse tratamento contábil de classificar as contas em circulante e não circulante está de acordo com o adotado internacionalmente, exceto quanto à ordem de liquidez, pois nas normas internacionais é adotado o conceito de classificação das contas em ordem crescente de exigibilidade.

2.8 PASSIVO CIRCULANTE

2.8.1 Normas Brasileiras pela Legislação Societária

Nas normas brasileiras pela legislação societária, a definição das obrigações que devem ser classificadas no passivo circulante está disposta no art. 180 da Lei nº 6.404/76 alterado pela Lei nº 11.941/09, o qual estabelece que no passivo circulante serão classificadas as obrigações da entidade cuja liquidação se espera que ocorra dentro do exercício social seguinte, ou seja, aquelas obrigações cujo vencimento ocorra até o término do exercício seguinte ou ciclo operacional da empresa, o que for maior, o que inclui as obrigações já vencidas.

A determinação da utilização do ciclo operacional da empresa como parâmetro de definição de curto prazo (circulante) e de longo prazo (não circulante) está disposta no parágrafo único do art. 179 da Lei nº 6.404/76, o qual determina que na companhia em que o ciclo operacional da empresa tiver duração maior que o exercício social, a classificação no circulante ou longo prazo terá por base o prazo desse ciclo.

Além disso, a lei faz referência aos financiamentos para aquisição de direitos do ativo não circulante para dar ênfase à sua classificação no curto ou longo prazo, ainda que os recursos oriundos desse financiamento sejam aplicados no ativo não circulante, ou seja, a classificação independe de onde sejam aplicados os recursos. A classificação das obrigações no passivo circulante ou não circulante obedecerá aos mesmos critérios do ativo relativos ao prazo de vencimento das obrigações, inclusive ao que concerne ao ciclo operacional da companhia.

Ademais, no passivo devem ser registradas tanto as obrigações formalizadas, quanto as não formalizadas, que devem ser registradas por meio de provisões, com base em valores estimados, desde que o risco seja conhecido ou calculável.

Exemplos: fornecedores, contas a pagar, financiamentos a pagar, energia elétrica a pagar, duplicatas descontadas, prêmios de seguros a pagar, telefones a pagar, dividendos a pagar, salários a pagar, impostos a pagar, férias a pagar, encargos sociais a pagar, adiantamento de clientes etc.

2.8.2 Normas Brasileiras pelo CPC

Nas normas brasileiras pelo CPC, conforme determina o item

69 do pronunciamento técnico CPC 26(R1), um passivo deve ser classificado como passivo circulante quando atender qualquer dos seguintes parâmetros:

- espera-se que seja liquidado durante o ciclo operacional normal da entidade;
- está mantido essencialmente para a finalidade de ser negociado;
- deve ser liquidado no período de até doze meses após a data do balanço; ou
- a entidade não tem direito incondicional de postergar sua liquidação durante pelo menos 12 meses após a da data do balanço.

Similarmente ao ativo, a exceção a regra dos 12 meses para classificação de uma obrigação no passivo circulante, nos termos do item 70 do pronunciamento técnico CPC 26(R1), ocorre em relação às contas a pagar comerciais (fornecedores) e provisões para gastos com empregados (provisão para férias, provisão para 13° salário etc.) as quais são classificadas no passivo circulante mesmo que estejam para ser liquidadas em mais de 12 meses após a data do balanço patrimonial.

Além disso, a entidade deve classificar seus passivos financeiros como passivo circulante, quando, a sua liquidação estiver prevista para o período de até 12 meses após a data do balanço, mesmo se:

- o prazo original para sua liquidação tenha sido por período superior a 12 meses;
- um acordo de refinanciamento, ou de reescalonamento de pagamento a longo prazo seja completado após a data do balanço e antes das demonstrações contábeis serem autorizadas para sua publicação.

Ademais, segundo o item 74 do pronunciamento técnico CPC 26(R1), alguns contratos de empréstimo incorporam cláusulas que têm o efeito de tornar a dívida, mesmo de longo prazo, pagável à vista (cláusulas de vencimento antecipado por falta de pagamento), se certas condições, normalmente relacionadas à posição financeira do devedor, forem descumpridas.

Observado esse descumprimento na data-base das demonstrações contábeis, ou antes, o passivo deve ser reclassificado para o circulante mesmo que o credor tenha concordado, após a data do balanço e antes da data da autorização para emissão das demonstrações contábeis, em não exigir pagamento antecipado como consequência do descumprimento do compromisso. O passivo deve ser classificado como circulante porque, à data do balanço, a entidade não tem direito incondicional de diferir a sua liquidação durante pelo menos doze meses após essa data.

Segundo o item 75 do pronunciamento técnico CPC 26(R1), o passivo é classificado como não circulante se o credor tiver concordado, até a data do balanço, em proporcionar um período de carência a terminar pelo menos doze meses após a data do balanço, dentro do qual a entidade pode retificar o descumprimento e durante o qual o credor não pode exigir a liquidação imediata do passivo em questão.

O passivo circulante, conforme determina o item 54 do pronunciamento técnico CPC 26(R1), deve ser, no mínimo, dividido nos seguintes subgrupos:

- contas a pagar comerciais e outras;
- provisões;
- obrigações financeiras;
- obrigações relativas à tributação corrente;
- obrigações associadas a ativos à disposição para venda.

Além disso, de acordo com a alínea "d" do item 78 do pronunciamento técnico CPC 26(R1), as provisões devem ser segregadas, no balanço patrimonial ou em notas explicativas, em:

- provisões para benefícios de empregados;
- outros itens.

2.9 PASSIVO NÃO CIRCULANTE

2.9.1 Normas Brasileiras pela Legislação Societária

Nas normas brasileiras pela legislação societária, conforme preceitua o art. 180 da Lei nº 6.404/76 alterado pela Lei nº 11.941/09 serão classificadas no passivo não circulante, as obrigações da companhia cujo vencimento se espera que ocorra após o exercício social seguinte, ou seja, referem-se aos mesmos itens classificados no passivo circulante, mas com vencimento em prazo superior ao exercício seguinte.

Ademais, conforme evidenciado anteriormente, o saldo existente em resultado de exercícios futuros em 31 de dezembro de 2008, de acordo com o art. 299-B da Lei nº 6.404/76 acrescido pela Lei nº 11.941/09 deverá ser reclassificado para o passivo não circulante em conta representativa de receita diferida.

Exemplos: financiamentos a pagar-lp, debêntures a pagar-lp, imposto de renda diferido passivo, aluguéis recebidos antecipadamente etc.

2.9.2 Normas Brasileiras pelo CPC

De acordo com o item 69 do pronunciamento técnico CPC 26(R1), todos os demais passivos devem ser classificados como passivo não circulante, isto é, as obrigações cuja liquidação se espera que ocorra após doze meses seguintes a data do balanço patrimonial, quando o item não é mantido com a finalidade de ser transacionado ou a entidade possui o direito de postergar a liquidação da obrigação por período superior aos doze meses.

Além disso, conforme o disposto no item 73 do pronunciamento técnico CPC 26(R1), em algumas situações de acordo com os termos do respectivo contrato, algumas obrigações que vencem dentro do prazo de 12 meses da data do balanço patrimonial poderão ser refinanciadas ou substituídas *(roll over)* à opção da entidade e; portanto, devem ser classificadas como não circulantes, mesmo que de outra forma fosse devida dentro de período mais curto.

No entanto, em situações nas quais o refinanciamento ou a substituição não é feito à escolha da entidade (como seria o caso se não houvesse acordo para refinanciar), a simples possibilidade de refinanciamento não pode ser considerada suficiente para a classificação como não circulante; assim, a obrigação é classificada como passivo circulante.

O passivo não circulante deverá ser subdividido, no mínimo, nos seguintes subgrupos, conforme determina o item 54 do pronunciamento técnico CPC 26(R1):

- provisões (exceto para benefício de empregados e outros custos operacionais);

- obrigações financeiras;
- obrigações relativas à tributação corrente;
- obrigações associadas a ativos à disposição para venda;
- impostos diferidos.

2.10 RESULTADO DE EXERCÍCIOS FUTUROS

2.10.1 Normas Brasileiras pela Legislação Societária

A partir do advento da Lei nº 11.941/09, o grupo resultado de exercícios futuros deixou de existir em razão da revogação do art. 181 da Lei nº 6.404/76.

Além disso, o saldo existente em resultado de exercícios futuros em 31 de dezembro de 2008, segundo o art. 299-B da Lei nº 6.404/76 incluído pela Lei nº 11.941/09 deverá ser reclassificado para o passivo não circulante em conta representativa de receita diferida. Essa determinação legal de reclassificar os saldos somente para o passivo não circulante é incoerente, haja vista que uma parcela dos valores registrados nesse grupo refere-se ao passivo circulante porque serão exigíveis em até 12 meses.

As receitas de exercícios futuros correspondem a um acréscimo no ativo da companhia que ocorre antes de a companhia cumprir sua obrigação contratual, o que normalmente corresponde à entrega da coisa vendida, ou à prestação do serviço contratado.

Assim, serão classificadas no passivo não circulante em subgrupo de receita diferida as receitas recebidas antecipadamente, já deduzidas as despesas a elas correspondentes. Na prática, esse subgrupo do passivo passará a ser utilizado para o registro de contratos de longo prazo, especialmente atividades de compra e venda, incorporação e construção de imóveis.

2.10.2 Normas Brasileiras pelo CPC

Nas normas brasileiras pelo CPC, com o advento do pronunciamento técnico CPC 26(R1), da mesma forma que pela legislação societária, deixou de existir um grupo denominado resultado de exercícios futuros. Portanto, são válidas as mesmas considerações feitas em relação à legislação societária.

2.11 PATRIMÔNIO LÍQUIDO

2.11.1 Normas Brasileiras pela Legislação Societária

Nas normas brasileiras pela legislação societária, não existe a definição de patrimônio líquido. De acordo com a doutrina, o patrimônio líquido representa a diferença entre o valor do ativo e o do passivo, que é o valor contábil que pertence aos sócios, ou acionistas. Representando o capital próprio da empresa.

2.11.2 Normas Brasileiras pelo CPC

Nas normas brasileiras pelo CPC, segundo a alínea "c" do item 4.4 do pronunciamento conceitual básico do CPC(R1), patrimônio líquido é definido como sendo o valor residual dos ativos da entidade depois de deduzidos todos os seus passivos.

2.12 CLASSIFICAÇÃO DO PATRIMÔNIO LÍQUIDO

2.12.1 Normas Brasileiras pela Legislação Societária

Nas normas brasileiras pela legislação societária, o patrimônio líquido, segundo o inciso III do § 2º do art. 178 da Lei nº 6.404/76 com redação dada pela Lei nº 11.941/09, divide-se nos seguintes subgrupos:

- capital social;
- reservas de capital;
- ajustes de avaliação patrimonial;
- reservas de lucros;
- ações em tesouraria;
- prejuízos acumulados.

2.12.1.1 Capital social

Capital social é o investimento efetuado na empresa pelos sócios ou acionistas, fixado no contrato social ou estatuto social da companhia. A conta de capital é a expressão que os acionistas se obrigam a trazer para a formação do patrimônio necessário à realização do objeto social, para cumprimento da obrigação assumida quando da subscrição do capital social.

Segundo o art. 182 da Lei nº 6.404/76, a conta do capital social discriminará o montante subscrito e, por dedução, a parcela ainda não realizada. Esse esclarecimento é feito com o objetivo de explicitar que o crédito decorrente do capital a integralizar contra os acionistas não constitui ativo, mas o saldo da parcela do capital social com que o acionista se obrigou a contribuir quando da subscrição. Em razão disso a apresentação no balanço patrimonial será feita conforme a **Figura** 2.1.

Capital social	$ 3.000
Capital subscrito	$ 10.000
(-) Capital a integralizar	$ (7.000)

Figura 2.1 Apresentação do capital social no balanço patrimonial

2.12.1.2 Reserva de capital

As reservas de capital representam valores recebidos pela entidade que não transitam pelo resultado da companhia como receitas ou ganhos, ou seja, não foram obtidas por meio das operações normais da empresa.

As reservas de capital são formadas pela contribuição por meio da subscrição de valores mobiliários da companhia, quando, ou enquanto tais valores não forem destinados a integrar o capital social.

Em relação às reservas de capital, a Lei nº 11.638/07, revogou do seu escopo, as alíneas *c* e *d* do § 1º do art. 182 da Lei nº 6.404/76, que tratavam, respectivamente, do prêmio recebido na emissão de debêntures e das doações e das subvenções para investimentos.

Assim, foram mantidas como reserva de capital apenas o ágio na emissão de ações, o ágio na conversão em ações de debêntures ou partes beneficiárias e o produto da alienação de partes beneficiárias e bônus de subscrição.

A partir da norma estabelecida no inciso I do art. 19 da Lei nº 11.941/09, não é mais registrado como reserva de capital, o prêmio recebido na emissão de debêntures, mas sim, escriturado no resultado do exercício ou em conta de receita diferida no passivo circulante ou no passivo não circulante para atender ao princípio da competência. Isso porque o prêmio recebido na emissão de debêntures, normalmente, faz parte das condições da sua negociação em razão da atratividade desse papel ou de sua precificação, como, por exemplo, a fixação de taxa de juros acima da média do mercado, a remuneração por meio de participação nos lucros etc.

Por se tratar de receita não realizada, que deve ser classificada como receita diferida no passivo circulante ou no passivo não circulante, para apropriação ao resultado em função do prazo de vencimento das debêntures e do reconhecimento também no resultado do exercício das despesas de juros, ou seja, o prêmio corresponde, economicamente, a uma redução da taxa efetiva de juros dessa dívida, e, consequentemente, deve ter tratamento contábil similar.

Nesse sentido, é importante destacar que o prêmio recebido não se confunde com o preço de emissão da debênture que corresponde ao valor do direito de crédito conferido aos titulares das debêntures.

Em termos fiscais, o prêmio recebido na emissão de debêntures, de acordo com o art. 410 do RIR/18, não será computado na determinação do lucro real, desde que: não seja de titularidade de sócio da pessoa jurídica emitente e que seja mantida em conta de reserva de lucros específica, sendo posteriormente adicionada ao lucro real, quando da capitalização da reserva, quando da restituição de capital aos sócios ou no caso de integração ao dividendo obrigatório.

Da mesma forma, a partir da norma estabelecida no inciso I do art. 19 da Lei nº 11.941/09, não serão mais registradas como reserva de capital as doações e as subvenções para investimentos, mas sim, escrituradas no resultado do exercício, podendo ser constituída uma reserva de incentivos fiscais.

Em termos fiscais, em relação as doações e subvenções governamentais recebidas para investimento, nos termos do art. 523 do RIR/18, as subvenções para investimento, inclusive mediante isenção ou redução de impostos, concedidas como estímulo à implantação ou expansão de empreendimentos econômicos e as doações feitas pelo poder público não serão computadas na determinação do lucro real, desde que seja registrada em reserva de lucros a que se refere o art. 195-A da Lei no 6.404/76, que somente poderá ser utilizada para: absorção de prejuízos, ou aumento do capital social.

Além disso, de acordo com o art. 195-A da Lei nº 6.404/76 com redação dada pela Lei nº 11.638/07, a assembleia geral poderá, por proposta dos órgãos de administração, destinar para a reserva de incentivos fiscais a parcela do lucro líquido decorrente de doações ou subvenções governamentais para investimentos, que poderá ser excluída da base de cálculo do dividendo obrigatório (inciso I do *caput* do art. 202 da Lei nº 6.404/76).

Segundo a CVM a criação da reserva de incentivos fiscais visa a possibilitar que as companhias abertas possam, a partir de regulação da CVM, registrar as doações e subvenções para investimento não mais como reserva de capital e sim no resultado do exercício (de imediato ou em bases diferidas) como estabelece a norma internacional.

No entanto, para que a companhia não perca o benefício fiscal da subvenção, conforme dispõe o inciso III do art. 18 da Lei nº 11.941/09, esse valor (benefício fiscal) deve ser excluído no LALUR, destinado para a conta reserva de incentivos fiscais e excluída da base de cálculo do dividendo obrigatório.

Portanto, as doações e subvenções governamentais recebidas para investimentos serão registradas como reserva de incentivos fiscais, enquanto que as demais doações recebidas serão registradas diretamente no resultado do exercício, por se tratarem de receitas já realizadas, conforme dispõe o inciso IV do § 3º do art. 9º da instrução CFC nº 750/93.

2.12.1.2.1 Ações

A ação é a fração negociável em que se divide o capital social de uma entidade. São emitidas no caso de aumento de capital por preço não inferior ao de patrimônio líquido, nem inferior ao valor nominal, quando a ação possuir valor nominal, conforme dispõe o art. 13 e o § 1º do art. 170 da Lei nº 6.404/76.

Para exemplificar, suponha a emissão de 10.000 ações, com valor nominal de $ 1,00 por $ 1,00 em dinheiro, isto é, sem ágio, e gastos com emissão de ações de $ 525; o registro contábil, desconsiderando efeitos tributários, será o apresentado na **Figura 2.2**.

1 - Pelo registro contrato ou estatuto social

2 - Pela integralização de capital

Figura 2.2 Registros contábeis da emissão de ações com custos de transação

É importante destacar em relação à **Figura 2.2**, que de acordo com o item 5 do pronunciamento técnico CPC 08(R1), os custos de transação incorridos na captação de recursos por intermédio da emissão de títulos patrimoniais devem ser contabilizados, de forma destacada, em conta redutora de patrimônio líquido, deduzidos os eventuais efeitos fiscais, e os prêmios recebidos devem ser reconhecidos em conta de reserva de capital (ágio na emissão de ações).

Essa conta redutora do patrimônio líquido será apresentada, no balanço patrimonial, após o capital social e somente pode ser utilizada para redução do capital social ou absorção por reservas de capital.

Por outro lado, o preço de emissão da ação que ultrapassar o valor nominal será registrado como reserva de capital. Para exemplificar, suponha a emissão de 10.000 ações, com valor nominal de $ 1,00 por $ 1,02 em dinheiro, isto é, com ágio, e que não existam gastos com emissão de ações; o registro contábil, desconsiderando efeitos tributários, será o apresentado na **Figura 2.3**.

1 - Pelo registro contrato ou estatuto social

2 - Pela integralização de capital com ágio

Figura 2.3 Registros contábeis da emissão de ações com ágio

Quando a ação não tiver valor nominal, seu preço de emissão será fixado pelo órgão competente, que pode destinar parte do preço à formação de reserva de capital, conforme dispõe o parágrafo único do art. 14 da Lei nº 6.404/76.

2.12.1.2.2 Partes Beneficiárias

Partes beneficiárias representam um direito de natureza patrimonial, estranho ao capital social concedido a fundadores, acionistas ou terceiros, com as características de um título que dá a seu possuidor um crédito de participação eventual nos lucros da empresa.

As partes beneficiárias, mesmo quando alienadas, poderão ser convertidas em ações, mas é importante ressaltar que o aumento de capital não ocorrerá com o produto da alienação das partes beneficiárias, mas mediante a capitalização da reserva criada para esse fim, *reserva de conversão de partes beneficiárias*, conforme dispõe o art. 47 e o § 2º do art. 48 da Lei nº 6.404/76.

Também na capitalização dessa reserva se observará a contabilização, na conta de reserva de capital, da parcela excedente àquela destinada à conta do capital social; logo, para que se possa converter em ações uma parte beneficiária vendida, é necessário que se constitua uma reserva estatutária com essa finalidade, e, caso o valor por ação desta parte beneficiária seja maior do que o valor nominal das ações, o mesmo deverá ser registrado como reserva de capital.

2.12.1.2.3 Bônus de subscrição

Bônus de subscrição são títulos negociáveis, emitidos por companhia de capital autorizado, que confere a seus titulares o direito de subscrever ações da companhia emitente.

Os bônus de subscrição conferem aos seus titulares o direito de subscrever ações do capital social, conforme dispõe o art. 75 da Lei nº 6.404/76, nas companhias com capital autorizado. Esse direito não os exime, porém, do pagamento do preço de emissão das ações. O valor da alienação de bônus de subscrição, por equivaler a um ágio na emissão de ações, deve ser registrado como reserva de capital.

2.12.1.2.4 Debêntures

Debêntures são títulos negociáveis, estranhos ao capital social, que conferem direito de crédito certo contra a companhia, que podem incluir em seu escopo pagamento de juros, variação monetária e, até mesmo, participações nos lucros. Será destinada a conta de receita diferida no passivo circulante ou no passivo não circulante o prêmio recebido na emissão de debêntures; posteriormente, quando da sua realização, ele será alocado ao resultado do exercício.

O prêmio recebido não se confunde com o preço de emissão de debênture, que corresponde ao valor do direito de crédito conferido aos titulares das debêntures.

Além disso, esse valor poderá ser mantido em reserva de lucros (reserva para prêmios na emissão de debêntures), de acordo com o item 33 do pronunciamento técnico CPC 13, e abatido da base de cálculo do dividendo obrigatório, a fim de evitar efeitos fiscais.

2.12.1.2.5 Doações Recebidas

A doação é a operação pela qual uma das partes se obriga a transferir gratuitamente um bem de sua propriedade para o patrimônio da outra. A partir da Lei nº 11.638/07, as doações e subvenções governamentais recebidas para investimentos serão escrituradas diretamente no resultado do exercício ou no passivo circulante ou não circulante, em conta de receita diferida, se recebidas de forma condicional (havendo contraprestação a ser realizada), para atender o princípio da competência, podendo ser constituída reserva de incentivos fiscais, enquanto que as demais doações e subvenções recebidas serão registradas diretamente no resultado do exercício, por se tratarem de receitas já realizadas.

Na legislação fiscal, segundo o art. 523 do RIR/18, as subvenções para investimento, inclusive mediante isenção ou redução de impostos, concedidas como estímulo à implantação ou expansão de empreendimentos econômicos e as doações feitas pelo poder público não serão computadas na determinação do lucro real, desde que seja registrada em reserva de incentivos fiscais (art. 195-A da Lei das Sociedades por ações). Portanto, todas as demais subvenções e as doações recebidas que não sejam feitas pelo poder público, por se tratarem de mera liberalidade, serão computadas na determinação do lucro real.

Além disso, segundo o art. 195-A da Lei nº 6.404/76 com redação dada pela Lei nº 11.638/07, a assembleia geral poderá, por proposta dos órgãos de administração, destinar para a reserva de incentivos fiscais a parcela do lucro líquido decorrente de doações ou subvenções governamentais para investimentos, que poderá ser excluída da base de cálculo do dividendo obrigatório (inciso I do caput do art. 202 desta Lei).

É importante destacar que quando o bem doado destinar-se ao ativo não circulante da companhia donatária, esta deverá contabilizá-lo pelo custo de aquisição, que é composto normalmente de despesas com lavratura da escritura, Imposto de Transmissão de Bens Imóveis (ITBI) etc., consoante dispõe o inciso V do art. 183 da Lei nº 6.404/76; porém, esses valores são desembolsados à conta de caixa ou banco.

Ademais, em relação a ativos não circulantes recebidos em doação, seu custo de aquisição é o seu valor de mercado (PN nº 113/78), ou seja, o equivalente em dinheiro que seria recebido pelo donatário em caso de alienação do bem. Dessa forma, o bem será registrado pelo seu valor justo (valor de mercado) e a contrapartida registrada em receita de doações. Esse ganho, quando não se referir a doações realizadas pelo poder público, nos termos do § 5º do art. 388 do RIR/18, no reconhecimento inicial de ativos avaliados com base no valor justo decorrentes de doações recebidas de terceiros, deverá ser computado na determinação do lucro real.

2.12.1.2.6 Subvenção para Investimentos

Subvenções são ajudas ou auxílios pecuniários, concedidos pelo Estado, em favor de empresas que prestam serviços ou realizam obras de interesse público. A subvenção para investimento é a contribuição pecuniária destinada à capitalização em empresas privadas; esses valores serão escriturados diretamente no resultado do exercício ou no passivo circulante ou não circulante, em conta de receita diferida, se recebidas de forma condicional (havendo contraprestação a ser realizada), para atender o princípio da competência, podendo ser constituída reserva de incentivos fiscais; normalmente, são dimensionados em função do montante de tributos que deixarão de ser pagos.

Da mesma forma que as doações governamentais recebidas, o valor das subvenções governamentais poderá ser destinado pela Assembleia Geral para a constituição de reserva de lucros (reserva para incentivos fiscais), nos termos do art. 195-A da Lei nº 6.404/76 com redação dada pela Lei nº 11.638/08, e retirada da base de cálculo do dividendo obrigatório.

2.12.1.3 Ajustes de Avaliação patrimonial e Reserva de Reavaliação

Eram classificadas como reserva de reavaliação as contrapartidas de aumentos de valor atribuídas a elementos do ativo em virtude de novas avaliações espontâneas com base em laudo de avaliação, aprovado pela Assembleia geral. Eram reservas provenientes de avaliações a valor de mercado dos elementos do ativo imobilizado, isto é, representavam acréscimo de valor atribuído a elementos do ativo imobilizado, acima dos seus valores contábeis líquidos.

No entanto, a Lei nº 11.638/07 eliminou a possibilidade de as sociedades por ações efetuarem reavaliações espontâneas do seu ativo imobilizado, ao dar nova redação à alínea "d" do § 2º do art. 178, ao § 3º do art. 182 e ao revogar o § 2º do art. 187 da Lei nº 6.404/76. Ademais, a nova Lei deu a opção às companhias de manterem os saldos existentes dessa reserva, que deverão ser realizados de acordo com as regras anteriores (Deliberação CVM nº 183/95), ou de estornar esses saldos até o final do exercício social de 2008.

Em razão dos benefícios fiscais do diferimento do imposto de renda e da contribuição social, a maior parte dos saldos foram mantidos e serão realizados à medida que o bem se realizar por depreciação, amortização ou exaustão, perecimento ou alienação do bem reavaliado.

Segundo o § 3º do art. 182 da Lei nº 6.404/76 alterada pela Lei nº 11.941/09:

> "§ 3o Serão classificadas como ajustes de avaliação patrimonial, enquanto não computadas no resultado do exercício em obediência ao regime de competência, as contrapartidas de aumentos ou diminuições de valor atribuídos a elementos do ativo e do passivo, em decorrência da sua avaliação a valor justo, nos casos previstos nesta Lei ou, em normas expedidas pela Comissão de Valores Mobiliários, com base na competência conferida pelo § 3o do Art. 177."

Portanto, a partir da vigência da Lei nº 11.941/09, serão registradas como ajustes de avaliação patrimonial a contrapartida de qualquer ajuste a valor justo de elementos do ativo e do passivo, desde que previstos em Lei ou nas normas da CVM.

2.12.1.4 Reservas de lucros

Segundo o § 4° do art. 182 da Lei n° 6.404/76 serão classificadas como reservas de lucro as contas constituídas pela apropriação de lucros da companhia. Representam lucros obtidos pela empresa, retidos com finalidade específica, que visam basicamente à proteção dos direitos dos acionistas e credores da companhia.

Exemplos: reserva legal (art. 193); reserva estatutária (art. 194); reserva para contingências (art. 195); reserva de incentivos fiscais (art. 195-A), reserva de retenção de lucros (art. 196); reserva de lucros a realizar (art. 197); e reserva especial - dividendo obrigatório (art. 202 § 5°).

2.12.1.5 Lucros ou prejuízos acumulados

Essa conta representa o saldo remanescente dos lucros (ou prejuízos) líquidos das destinações para reservas de lucros e dos dividendos propostos.

As companhias abertas, segundo a Instrução Normativa n° 59/86 da Comissão de Valores Mobiliários (CVM), devem destinar a totalidade do lucro líquido do exercício, não cabendo quaisquer retenções indiscriminadas na conta de lucros acumulados. Essa norma foi acrescentada à Lei n° 6.404/76 pelo advento da Lei n.° 10.303/01 no § 6° do art. 202.

No entanto, muitas vezes o saldo a distribuir é transferido para a conta de reserva de retenção de lucros (art. 196) com base em orçamento de capital aprovado pela assembleia, caso contrário, deverão ser distribuídos dividendos complementares ao obrigatório.

É importante destacar que, a alteração da redação da alínea *d* do § 2° do art. 178 da Lei n° 6.404/76 pela Lei n° 11.638/08 não eliminou a conta de lucros acumulados nem a demonstração de lucros ou prejuízos acumulados ou mutações do patrimônio líquido, mas sim ajustou uma incorreção desse parágrafo existente desde a alteração da Lei n° 6.404/76 pela Lei n° 10.303/01.

É importante destacar que as demais espécies de sociedades, que não as sociedades por ações, poderão manter saldos na conta de lucros acumulados, desde que não exista previsão contratual que as impeça de reter lucros.

Segundo o item 42 do pronunciamento técnico CPC 13, a conta de lucros ou prejuízo acumulados tem natureza absolutamente transitória e deve ser utilizada para a transferência do lucro apurado no período, das reversões das reservas de lucros e para as destinações do lucro.

Além disso, de acordo com o item 43 do pronunciamento técnico CPC 13, quando da elaboração das demonstrações contábeis ao término do exercício social em que adotar pela primeira vez a Lei nº 11.638/07, a administração da entidade deve propor a destinação de eventuais saldos de lucros acumulados existentes.

2.12.1.6 Ações em tesouraria

A conta de ações em tesouraria representa as ações da companhia que foram adquiridas pela própria sociedade nas operações permitidas pela Lei nº 6.404/76, em seu art. 30.

As ações em tesouraria devem ser apresentadas no balanço patrimonial como dedução da conta do patrimônio líquido que registrar a origem dos recursos aplicados em sua aquisição, conforme dispõe o § 5º do art. 182 da Lei nº 6.404/76.

2.12.2 Normas Brasileiras pelo CPC

De acordo com as normas brasileiras pelo CPC, segundo determina o item 54 do pronunciamento técnico CPC 26(R1), o patrimônio líquido será dividido em:

(a) participação de não controladores apresentada de forma destacada dentro do patrimônio líquido; e

(b) capital integralizado e reservas e outras contas atribuíveis aos proprietários da entidade.

Além disso, o detalhamento proporcionado nas subclassificações, nos termos do item 78 do pronunciamento técnico CPC 26(R1), depende dos requisitos dos pronunciamentos, interpretações e orientações e da dimensão, natureza e função dos montantes envolvidos. Nesse sentido, de acordo com a alínea "e" da referida norma o capital e as reservas são segregados em várias classes, tais como capital subscrito e integralizado, prêmios na emissão de ações e reservas.

2.13 ESTRUTURA DO BALANÇO PATRIMONIAL

2.13.1 Normas Brasileiras pela Legislação Societária

Nas normas brasileiras pela legislação societária, a Lei nº 6.404/76, não determina o formato do balanço patrimonial, apenas especifica os itens que o compõem. Entretanto, na prática a forma de apresentação mais comum é a utilização do formato de contas, conforme o apresentado na **Figura 2.4**.

ATIVO	PASSIVO
Ativo Circulante • disponibilidades • direitos realizáveis • despesas do exercício seguinte **Ativo Não Circulante** • realizável a longo prazo • investimentos • ativo imobilizado • ativo intangível	**Passivo Circulante** **Passivo Não circulante** **Patrimônio líquido** • capital social • reservas de capital • ajustes de avaliação patrimonial • reservas de lucros • ações em tesouraria • prejuízos acumulados
Total do Ativo	**Total do Passivo**

Figura 2.4 Balanço patrimonial nas normas brasileiras pela legislação societária

2.13.2 Normas Brasileiras pelo CPC

Nas normas brasileiras pela CPC, não existe uma definição do formato do balanço patrimonial, apenas a especificação dos grupos e subgrupos que o compõe. Entretanto, na prática a forma de apresentação mais comum é a utilização do formato de contas, conforme o apresentado na **Figura 2.5**.

ATIVO	PASSIVO E PATRIMÔNIO LÍQUIDO
Ativo Circulante • caixa e equivalentes de caixa • clientes e outros recebíveis • estoques • ativos financeiros mensurados a valor justo • ativos financeiros disponíveis para venda • Despesas do exercício seguinte **Ativos não circulantes classificados como mantidos para venda** **Ativo Não Circulante** • Ativo realizável a longo prazo • Investimentos • Ativo imobilizado • Ativo Intangível	**Passivo Circulante** • contas a pagar comerciais e outras • provisões • provisões para benefícios dos empregados • obrigações financeiras • obrigações relativas à tributação • receitas recebidas antecipadamente **Passivos diretamente associados a ativos não circulantes classificados como mantidos para venda** **Passivo Não Circulante** • provisões* • impostos diferidos • receitas recebidas antecipadamente - LP **Patrimônio líquido** • valores dos acionistas da controladora • capital • reservas (com indicação da natureza) • prejuízos acumulados • participação de não controladores
Total do Ativo	**Total do Passivo e Patrimônio líquido**

*exceto provisões para benefícios de empregados e outros custos operacionais

Figura 2.5 Balanço Patrimonial nas normas brasileiras pelo CPC

2.14 TRATAMENTO CONTÁBIL PARA PEQUENAS E MÉDIAS EMPRESA

Os conceitos apresentados referentes ao balanço patrimonial também são aplicáveis às entidades de pequeno e médio porte. No entanto, segundo o item 4.2 do pronunciamento técnico PME, não é exigido (itens mínimos) a apresentação dos seguintes itens, que constam do item 54 do pronunciamento técnico CPC 26(R1) que trata do balanço patrimonial:

- instrumentos financeiros disponíveis para venda;
- ativo não circulante mantido para venda;
- obrigações associadas a ativos à disposição para venda.

Por outro lado, o item 4.2 do pronunciamento técnico PME exige a divulgação separada de ativos biológicos mensurados pelo custo menos depreciação acumulada e perdas por desvalorização dos ativos biológicos mensurados pelo valor justo por meio do resultado, enquanto que o item 54 do pronunciamento técnico CPC 26(R1) apenas exige a apresentação dos ativos biológicos em um único item.

Outra diferença é que de acordo com o item 68 do pronunciamento técnico CPC 26(R1), Os ativos circulantes incluem ativos (tais como estoque e contas a receber comerciais) que são vendidos, consumidos ou realizados como parte do ciclo operacional normal, mesmo quando não se espera que sejam realizados no período de até doze meses após a data do balanço patrimonial, enquanto que no pronunciamento técnico PME não existe essa obrigatoriedade de classificar estoques e contas a receber comerciais sempre no ativo circulante, independentemente do prazo de realização.

Também em relação as contas a pagar comerciais e algumas apropriações por competência relativas a gastos com empregados (férias a pagar, 13° salário a pagar etc.) e outros custos operacionais são parte do capital circulante usado no ciclo operacional normal da entidade, segundo o item 70 do pronunciamento técnico CPC 26(R1), tais itens operacionais são classificados como passivos circulantes mesmo que estejam para ser liquidados em mais de doze meses após a data do balanço patrimonial, enquanto que no pronunciamento técnico PME não existe essa obrigatoriedade de classificar contas a pagar comerciais, gastos com empregados e outros custos operacionais sempre no passivo circulante, independentemente do prazo de exigibilidade.

É importante destacar que a lógica, por detrás desse tratamento contábil de classificar, sempre no circulante, estoques, contas a receber, contas a pagar e gastos com empregados é que o ciclo operacional da entidade, nos termos do item 68 do pronunciamento técnico CPC 26(R1), é o tempo entre a aquisição de ativos para processamento e sua realização em caixa ou seus equivalentes.

Assim, se determinada empresa adquire mercadorias e as revende em um prazo de 24 meses, seu ciclo operacional será de 24 meses e, consequentemente, os valores a receber de clientes serão classificados no circulante (nesse caso, o circulante tem 24 meses, que é o ciclo operacional da empresa).

No entanto, se a maior parte dos planos de venda a prazo de mercadorias da empresa está inserido nos 12 meses, o seu ciclo operacional será de 12 meses (nesse caso, o circulante tem 12 meses), portanto, eventuais valores a receber em prazo superior a 12 meses (clientes – LP) deverão ser classificados no ativo circulante. É importante destacar que esse também é o tratamento contábil adotado pelo *International Accounting Standard* IAS 1.

3. DEMONSTRAÇÃO DO RESULTADO

3.1 ASPECTOS GERAIS

3.1.1 Normas Brasileiras pela Legislação Societária

A demonstração do resultado do período destina-se a evidenciar a formação do resultado do período, mediante confronto das receitas e ganhos com as despesas e perdas incorridos no período.

Essa demonstração deve ser apresentada na posição vertical, e ter discriminados seus componentes de forma ordenada, de maneira tal que fique evidenciado o resultado operacional, o resultado antes do imposto de renda e contribuição social, o resultado antes das participações e o lucro líquido do período da entidade.

A determinação do resultado do período, observado o princípio de competência, evidenciará a formação dos vários níveis de resultados mediante confronto entre as receitas e os correspondentes custos e despesas. Segundo o item 4.27 do pronunciamento conceitual básico do CPC(R1), as receitas e as despesas podem ser apresentadas na demonstração do resultado de diferentes maneiras, de modo a serem prestadas informações relevantes para a tomada de decisões econômicas. Por exemplo, é prática comum distinguir os itens de receitas e despesas que surgem no curso das atividades usuais da entidade daqueles que não surgem. Essa distinção é feita considerando que a origem de um item é relevante para a avaliação da capacidade que a entidade tem de gerar caixa ou equivalentes de caixa no futuro.

No que tange ao conteúdo da demonstração do resultado do exercício o art. 187 da Lei nº 6.404/76 estabelece, em seu § 1º, que deverá ser observado o princípio da competência, isto é, ela evidenciará as receitas e os ganhos do período, independentemente de seu recebimento e os custos, despesas, encargos e perdas pagos ou incorridos, correspondentes a esses ganhos e receitas.

3.1.2 Normas Brasileiras pelo CPC

Nas normas brasileiras pelo CPC, a estruturação da demonstração do resultado do período consta dos itens 81 ao 105 do pronunciamento técnico CPC 26(R1), o qual manteve a obrigatoriedade de elaboração e divulgação da demonstração do resultado do exercício prevista na legislação societária, mas substituiu do título da demonstração a expressão "do exercício" por "do período". Assim, esse componente das demonstrações contábeis passará a ser denominado de demonstração do resultado do período.

De acordo com o item 81 do pronunciamento técnico CPC 26(R1) a entidade deve apresentar todos os itens de receita e despesa reconhecidos no período em duas demonstrações: demonstração do resultado do período e demonstração do resultado abrangente do período; esta última inicia com o resultado líquido do período (lucro ou prejuízo) e inclui os outros resultados abrangentes.

Da mesma forma que o previsto nas normas brasileiras pela legislação societária, o item 27 do pronunciamento técnico CPC 26(R1) manteve a obrigatoriedade de as entidades elaborarem suas demonstrações contábeis em conformidade com o regime de competência, exceto para a demonstração dos fluxos de caixa. Esse critério também é adotado pelas normas internacionais.

A demonstração do resultado do período, de acordo com o item 99 do pronunciamento técnico CPC 26(R1), deve apresentar as contas de receitas e despesas baseadas na sua natureza (depreciações, compra de materiais, despesas com transporte, benefícios aos empregados, despesas de publicidade etc.) ou baseadas na sua função dentro da entidade (despesas com vendas, administrativas, receitas financeiras etc.).

No entanto, tendo em vista que a Lei nº 6.404/76 com redação dada pela Lei nº 11.941/09 utiliza o critério da função da despesa, bem como o próprio pronunciamento técnico CPC 26(R1) utiliza esse critério em seu item 82, deve continuar sendo utilizado o critério da função das despesas e receitas na elaboração da demonstração do resultado do período.

Ademais, segundo o item 104 do pronunciamento técnico CPC 26(R1), as entidades que classificam os gastos por função de despesa devem divulgar informações adicionais sobre a natureza das despesas, incluindo as despesas de depreciação, amortização e as despesas com benefícios de empregados.

3.2 PRINCIPAIS COMPONENTES DA DEMONSTRAÇÃO DO RESULTADO

3.2.1 Normas Brasileiras pela Legislação Societária

Os componentes da demonstração do resultado do exercício estão descritos, nas normas brasileiras pela legislação societária no art. 187 da Lei nº 6.404/76, como sendo:

- receita bruta das vendas e serviços;
- deduções de vendas;
- receita líquida das vendas e serviços;
- custo das mercadorias ou serviços vendidos;
- lucro bruto;
- despesas com vendas;
- despesas administrativas;
- despesas financeiras líquidas das receitas;
- outras despesas operacionais;
- resultado operacional;
- outras receitas e outras despesas; (redação da Lei nº 11.941/09)

- resultado antes do imposto de renda e da contribuição social;
- imposto de renda e contribuição social;
- resultado antes das participações;
- participações estatutárias;
- lucro (prejuízo) líquido do exercício;
- lucro ou prejuízo por ação.

3.2.1.1 Receita bruta de vendas

Demonstra o valor das receitas decorrentes das atividades usuais da empresa, consubstanciadas nas notas fiscais de vendas de mercadorias, produtos ou prestação de serviços. Algumas empresas, para fins gerenciais, subdividem suas receitas de acordo com a modalidade da venda, quer seja a vista, a prazo, com cheque pré-datado, no cartão de crédito etc.

Exemplos: vendas de mercadorias, vendas de serviços, vendas de produtos.

A Lei nº 6.404/76 nos incisos I e II do art. 187 estabelece que a Demonstração do Resultado do Exercício deverá discriminar (I) a receita bruta de vendas e serviços, as deduções das vendas, os abatimentos e os impostos e (II) a receita líquida de vendas e serviços. Assim, as vendas deverão ser contabilizadas pelo valor bruto, incluindo o valor dos impostos, sendo que estes, as devoluções e os abatimentos, deverão ser registrados em contas devedoras específicas, as quais serão classificadas como deduções das vendas.

Por outro lado, o Regulamento do Imposto de Renda - RIR/18 define receita líquida como sendo a receita bruta diminuída das vendas canceladas, dos descontos concedidos incondicionalmente, dos tributos incidentes sobre vendas e do ajuste a valor presente, ou seja, de forma similar a Lei nº 6.404/76, exceto quanto aos tributos não cumulativos, pois o § 2º do art. 208 do RIR/18, acrescentou que na receita bruta não se incluem os impostos não cumulativos (IPI).

Dessa forma, criou-se a seguinte situação: para fins de imposto de renda, o IPI não faz parte da receita bruta de vendas e serviços, enquanto para a Lei das Sociedades por Ações o IPI é integrante dela. Uma forma de conciliar esse problema é o de dar o nome de faturamento bruto ao que seria a receita bruta e utilizar esta para designar a diferença entre faturamento bruto e o IPI, conforme apresentado na **Figura 3.1**.

Faturamento bruto	$ 16.000
(-) IPI sobre faturamento	$ (4.000)
Receita bruta	$ 12.000

Figura 3.1 Apresentação do Faturamento bruto

Em relação ao tratamento fiscal, de acordo com o § 3º do art. 208 do RIR/18, na receita bruta incluem-se os tributos sobre ela incidentes e os valores decorrentes do ajuste a valor presente das operações vinculadas a receita bruta. Supondo-se, por exemplo, que a empresa venda mercadorias a prazo no valor de $ 120.000 e que essas mesmas mercadorias, caso fossem vendidas a vista, o seriam por $ 100.000; nesse caso, o registro contábil da venda a prazo, sem considerar tributos, a fim de simplificar o exemplo, é o apresentado na **Figura 3.2**.

D	Clientes	$ 120.000
C	Receita de vendas	$ 120.000
D	Ajuste a valor presente de vendas**	$ 20.000
C	Receita de juros a apropriar*	$ 20.000

*** CONTA RETIFICATIVA DE CLIENTES**
****CONTA PERTENCENTE AS DEDUÇÕES DE VENDAS**

Figura 3.2 Registro contábil de vendas a prazo de mercadorias

Em relação ao registro apresentado na **Figura 3.2**, é importante destacar que o ideal, do ponto de vista teórico, era registrar o ajuste a valor presente diretamente contra a receita de venda, mas tendo em vistas aspectos fiscais e o fato de que a receita líquida não é modificada, bem como a relação custo x benefícios, o registro deve ser feito dessa forma. Ademais, a conta de receita de juros a apropriar (retificativa de clientes) será baixada mensalmente em contrapartida de conta de receita financeira, utilizando-se o método da taxa efetiva de juros.

3.2.1.2 Deduções de Vendas

As deduções de vendas são representadas pelas contas de devoluções de vendas, abatimentos incondicionais, descontos incondicionais e impostos incidentes sobre as receitas de vendas de mercadorias, serviços e produtos e pelos ajustes a valor presente das receitas de vendas.

Ajustes a valor presente das receitas de vendas ou serviços se originam do ajuste a valor presente das contas de clientes, em decorrência de juros embutidos nas vendas a prazo de mercadorias e serviços. Essa conta deve ser utilizada, especialmente tendo em vista os aspectos fiscais, dispostos no § 3º do art. 208 do RIR/18.

As devoluções de vendas correspondem ao desfazimento de negócios registrados como receitas brutas de vendas e serviços, por meio da emissão de uma nota fiscal de entrada dos produtos. Todavia, elas não se confundem com o cancelamento de venda, que corresponde à anulação dos valores referentes à venda; nesse caso, todas as vias da nota fiscal devem ser anexadas ao talão fiscal, devendo constar nela a expressão *anulada*, não cabendo, nesse caso, registro contábil.

Os abatimentos e descontos sobre vendas e serviços são aqueles concedidos incondicionalmente, e normalmente são concedidos em razão de avarias ocorridas nas mercadorias.

Já os tributos assim considerados para efeito de deduções de vendas e serviços são os que guardam proporcionalidade com o preço das vendas ou dos serviços prestados.

Exemplos de tributos sobre vendas: ICMS sobre vendas, PIS sobre vendas, COFINS sobre vendas, ISSQN sobre vendas etc.

3.2.1.3 Receita líquida de vendas

É a diferença entre a receita bruta de vendas e as deduções de vendas, representando, então, a receita líquida de impostos incidentes sobre a venda.

3.2.1.4 Custo das Mercadorias Vendidas - C.M.V.

Custo das mercadorias vendidas é o gasto que a empresa tem para colocar o produto à disposição do cliente na loja. A apuração do custo das mercadorias vendidas está diretamente relacionada aos estoques da companhia, pois representa o custo da baixa efetuada nas contas de estoques por vendas realizadas no período.

Nas empresas comerciais, a fórmula de apuração do custo é mais simples, pois as entradas são representadas pelas compras de mercadorias destinadas à venda, devendo-se levar em consideração também os fretes sobre as compras, consignações, demonstrações, bonificações, devoluções de compras etc.

No caso das empresas industriais, todavia, as entradas representam toda produção efetuada no período, o que engloba as matérias-primas, materiais auxiliares, gastos gerais de fabricação e mão-de-obra direta, sendo que, para tais empresas, é necessário um sistema de contabilidade de custos, cuja complexidade vai depender do sistema de produção e das necessidades internas para fins gerenciais, ou seja, consideram-se como custo dos produtos vendidos todos os gastos que a empresa tem para produzir o produto.

Nas empresas prestadoras de serviços são apropriados como custos aqueles que se relacionam diretamente e são indispensáveis para a obtenção da receita oriunda dos serviços prestados.

3.2.1.5 Lucro bruto

É a diferença entre a receita líquida de vendas e o custo das mercadorias vendidas, representando o lucro obtido pela entidade, computados os tributos incidentes sobre a venda e os gastos com a compra ou produção do produto; é o saldo que remanesce para cobertura das despesas operacionais da entidade.

3.2.1.6 Despesas operacionais

Consideram-se despesas operacionais aquelas pagas ou incorridas para vender produtos e administrar a empresa, sendo que, dentro do conceito da Lei nº 6.404/76, abrangem também as despesas líquidas para financiar suas operações.

O inciso III do art. 187 da Lei nº 6.404/76 estabelece que, para chegar-se ao lucro ou prejuízo operacional, serão deduzidas as despesas com vendas, as despesas financeiras deduzidas das receitas financeiras, as despesas gerais e administrativas e outras receitas ou despesas operacionais. Portanto, as despesas operacionais dividem-se em:

- despesas com vendas;
- despesas administrativas;
- despesas financeiras;
- receitas financeiras;
- outras receitas ou despesas operacionais.

3.2.1.6.1 Despesas com vendas

As despesas com vendas representam os gastos com promoção, colocação e distribuição dos produtos da entidade, bem como os gastos assumidos pela área de vendas, constando dessa categoria despesas como a de pessoal da área de vendas, marketing, distribuição, pessoal administrativo interno de vendas, comissões sobre vendas, propaganda e publicidade, perdas com devedores duvidosos, telefones da área de vendas, aluguel da área de vendas, energia elétrica da área de vendas, depreciação dos bens localizados na área de vendas, fretes sobre as vendas etc., ou seja, representam os gastos pagos ou incorridos para vender os produtos ou serviços da entidade.

3.2.1.6.2 Despesas administrativas

As despesas administrativas representam os gastos, pagos ou incorridos, para direção ou gestão da empresa, e constituem-se de várias atividades gerais que beneficiam todas as fases do negócio ou objeto social. Constam dessa categoria itens como os honorários da administração, diretoria e conselho, salários e encargos do pessoal administrativo, despesas legais e judiciais, material de escritório da administração, aluguéis administrativos, telefones da administração, energia elétrica da administração, depreciação dos bens localizados na área administrativa etc., ou seja, representam os gastos pagos ou incorridos para administrar a entidade.

3.2.1.6.3 Despesas financeiras

As despesas financeiras estão ligadas indiretamente ao objeto da companhia, sendo consideradas como acessórias à medida que a empresa necessite de recursos financeiros para a consecução de sua atividade; também a atualização monetária das obrigações da entidade é registrada nesse item, não obstante, ao menos gerencialmente, possa haver uma subdivisão entre despesas financeiras e variações monetárias passivas. Nesse título, serão incluídos os juros pagos, os descontos financeiros concedidos, a variação monetária passiva, as tarifas bancárias diversas etc.

3.2.1.6.4 Receitas financeiras

As receitas financeiras também estão ligadas indiretamente ao objeto da companhia à medida que surjam excessos de recursos financeiros, tornando-se necessária à sua administração visando ao bom andamento dos negócios; além disso, os rendimentos obtidos das aplicações financeiras e a atualização monetária dos direitos da entidade são registrados nesse item. Também compõem as receitas financeiras, os juros recebidos, os descontos financeiros recebidos, as variações monetárias ativas, os rendimentos de aplicações financeiras etc.

3.2.1.6.5 Outras receitas ou despesas operacionais

São classificados nesse item os resultados provenientes de atividades, basicamente, de participações em outras sociedades, tais como o resultado da equivalência patrimonial, dividendos recebidos de investimentos avaliados pelo método de custo etc.

3.2.1.6 Lucro ou prejuízo operacional

É a diferença entre o lucro bruto e as despesas e receitas operacionais, representando o resultado obtido pela entidade na consecução de suas atividades usuais.

3.2.1.7 Outras receitas

São classificados nesse subgrupo os ganhos de capital, decorrentes da alienação de bens do ativo não circulante por valor superior ao valor líquido contábil, ou seja, rendimentos obtidos de atividades que não fazem parte do objeto da entidade, basicamente os ganhos oriundos da venda de bens do ativo não circulante. Antes da Lei nº 11.941/09 esse grupo era intitulado de receitas não operacionais; no entanto, tal denominação era considerada incorreta, do ponto de vista semântico, haja vista que, de acordo com a legislação societária, a companhia não pode realizar operações estranhas ao seu objeto, isto é, atividades não operacionais.

3.2.1.8 Outras despesas

São classificadas nesse título as perdas de capital, apuradas nas vendas de bens do ativo não circulante por valor inferior ao valor líquido contábil, ou seja, as perdas decorrentes de atividades que não fazem parte do objeto da entidade, basicamente decorrentes das perdas na venda de bens do ativo não circulante. Antes da Lei nº 11.941/09 esse grupo era intitulado de despesas não operacionais.

3.2.1.9 Resultado antes da contribuição social e imposto de renda

É a diferença entre o resultado operacional e as outras receitas e as outras despesas, representando o total obtido pela empresa antes do imposto de renda, da contribuição social e das participações estatutárias.

3.2.1.10 Contribuição social

Nesse item, será registrada a despesa com contribuição social sobre o lucro, tributo devido à União incidente sobre a base de cálculo da contribuição social que, em geral, é idêntica ao Lucro Real.

3.2.1.11 Imposto de renda

Nesse item, será registrada a despesa de imposto de renda, originada pelo imposto apurado sobre a renda das entidades, com base no lucro real, presumido ou arbitrado.

3.2.1.12 Resultado antes das participações

É a diferença entre o resultado antes da contribuição social e imposto de renda e a despesa com contribuição social e com imposto de renda.

3.2.1.13 Participações

São parcelas do lucro distribuídas a determinados favorecidos, nos termos estabelecidos pelo estatuto de cada companhia. São registradas nesse item as participações sobre os lucros atribuídas às debêntures, empregados, administradores, partes beneficiárias e de instituições ou fundos de assistência ou previdência de empregados, conforme dispõe o inciso VI do art. 187 da Lei nº 6.404/76 com redação dada pela Lei nº 11.941/09.

O art. 190 da Lei nº 6.404/76 determina que as participações estatutárias de empregados, administradores e partes beneficiárias serão determinadas, sucessivamente e nessa ordem, com base nos lucros que remanescerem depois de deduzida a participação anteriormente calculada. Esse artigo deixou de mencionar as debêntures, mas, pela sequência citada no inciso VI do art. 187 da Lei nº 6.404/76, elas devem ser incluídas antes das participações dos empregados.

3.2.1.14 Lucro ou prejuízo líquido do exercício

É a diferença apurada entre o resultado antes das participações e as participações estatutárias, representando o lucro ou prejuízo do período.

3.2.1.15 Lucro ou prejuízo por ação

O inciso VII do art. 187 da Lei nº 6.404/76 determina a indicação do montante do lucro ou prejuízo por ação do capital social. O lucro por ação, resumidamente, é apurado mediante a divisão do lucro ou prejuízo líquido do exercício pelo número de ações em circulação, cujo objetivo principal é o de permitir a mensuração do resultado do período, pelos acionistas, em relação às ações que eles possuem na entidade.

3.2.1.16 Ações em circulação

Ações em circulação são aquelas em poder dos acionistas, ou seja, referem-se ao total das ações emitidas pela companhia, exceto as ações ainda não integralizadas e as ações em tesouraria.

3.2.2 Normas Brasileiras pelo CPC

De acordo com o item 81 do pronunciamento técnico CPC 26(R1), a entidade deve apresentar todos os itens de receita e despesa reconhecidos no período em duas demonstrações: demonstração do resultado do período e demonstração do resultado abrangente do período; esta última inicia com o resultado líquido do período (lucro ou prejuízo), inclui os outros resultados abrangentes e os ajustes de reclassificação.

Além disso, de acordo com o item 10A do pronunciamento técnico CPC 26(R1) com redação dada pelo documento de revisão de pronunciamentos contábeis nº 03/13, a entidade pode, se permitido legalmente, apresentar uma única demonstração do resultado do período e outros resultados abrangentes, com a demonstração do resultado e outros resultados abrangentes apresentados em duas seções.

No entanto, nos termos do item 10B, atualmente, esse procedimento não é permitido, pois a legislação societária brasileira requer que seja apresentada a demonstração do resultado do período como uma seção separada. A introdução desse dispositivo no pronunciamento técnico CPC 26 (R1), tem em vista, utilizar procedimento similar ao utilizado pelo IASB em relação a apresentação dos outros resultados abrangentes dentro da demonstração do resultado do período; entretanto, para que isso ocorra é necessário modificar a Lei das Sociedades por Ações.

Da mesma forma que o previsto nas normas brasileiras pela legislação societária, o item 27 do pronunciamento técnico CPC 26(R1) manteve a obrigatoriedade de as entidades elaborarem suas demonstrações contábeis em conformidade com o regime de competência, exceto para a demonstração dos fluxos de caixa. Esse critério também é adotado pelas normas internacionais.

De acordo com o item 82 do pronunciamento técnico CPC 26(R1) com redação dada pelo documento de revisão de pronunciamentos nº 06/14, na demonstração do resultado do período devem ser divulgadas, no mínimo, obedecidas também as disposições legais:

(a) receitas;

(aa) ganhos e perdas decorrentes de baixa de ativos financeiros mensurados pelo custo amortizado;

(b) custos de financiamento;

(c) parcela dos resultados de empresas investidas reconhecida por meio do método da equivalência patrimonial;

(d) tributos sobre o lucro;

(e) (eliminada);

(ea) um único valor para o total de operações descontinuadas (pronunciamento técnico CPC 31);

(f) em atendimento à legislação societária brasileira vigente na data da emissão deste Pronunciamento, a demonstração do resultado deve incluir ainda as seguintes rubricas:

  (i) custo dos produtos, das mercadorias e dos serviços vendidos;

  (ii) lucro bruto;

  (iii) despesas com vendas, gerais, administrativas e outras despesas e receitas operacionais;

  (iv) resultado antes das receitas e despesas financeiras;

  (v) resultado antes dos tributos sobre o lucro;

  (vi) resultado líquido do período.

Analisando-se a estrutura da demonstração do resultado, observa-se que seguindo a orientação das normas internacionais, o CPC estipulou apenas os dados mínimos a serem apresentados nesse componente das demonstrações contábeis. No entanto, conforme dispõe o item 85 do pronunciamento técnico CPC 26(R1), outras rubricas e contas, títulos e subtotais devem ser apresentados na demonstração do resultado do período quando tal apresentação for relevante para a compreensão do desempenho da entidade.

De acordo com o item 97 do pronunciamento técnico CPC 26(R1), quando os itens de receitas e despesas são relevantes, sua natureza e montantes devem ser divulgados separadamente. Nesse sentido, segundo o item 98 do pronunciamento técnico CPC 26(R1), as circunstâncias que dão origem à divulgação separada de itens de receitas e despesas incluem:

- reduções nos estoques ao seu valor realizável líquido ou no ativo imobilizado ao seu valor recuperável, bem como as reversões de tais reduções;
- reestruturações das atividades da entidade e reversões de quaisquer provisões para gastos de reestruturação;
- baixas de itens do ativo imobilizado;
- baixas de investimento;

- unidades operacionais descontinuadas;
- solução de litígios; e
- outras reversões de provisão.

Da mesma forma que nas normas brasileiras pela legislação societária, de acordo com o item 38 do pronunciamento técnico CPC 26(R1), informações comparativas devem ser divulgadas em relação ao período anterior, para todos os valores incluídos nas demonstrações contábeis. As informações comparativas também devem ser incluídas nas notas explicativas, quando forem materiais, para um melhor entendimento das demonstrações contábeis do período atual.

Além disso, nas normas pelo CPC, a partir do documento de revisão de pronunciamentos técnicos nº 03/13, nos termos do item 38A do pronunciamento técnico CPC 26(R1) a entidade deve apresentar como informação mínima dois balanços patrimoniais, duas demonstrações do resultado e do resultado abrangente, duas demonstrações do resultado (se apresentadas separadamente), duas demonstrações dos fluxos de caixa, duas demonstrações das mutações do patrimônio líquido e duas demonstrações do valor adicionado (se apresentadas), bem como as respectivas notas explicativas.

Portanto, em relação às informações mínimas a serem apresentadas na demonstração do resultado do período as principais diferenças em relação a legislação societária são:

- na legislação societária são apresentadas as deduções de vendas e a receita líquida na demonstração do resultado do exercício, enquanto que no CPC esses itens não são obrigatoriamente apresentados separadamente;
- as despesas financeiras devem ser separadas das receitas financeiras de acordo com o CPC, enquanto que pela legislação societária devem ser apresentadas de forma líquida;
- o resultado de equivalência patrimonial deve ser destacado separadamente de acordo com o CPC, enquanto que pela legislação societária o mesmo é incluído nas outras receitas ou despesas operacionais;
- no CPC não é utilizado o conceito de resultado operacio-

nal, enquanto que pela legislação societária o resultado operacional é diretamente evidenciado na demonstração do resultado;

- no CPC é apresentado o resultado antes das receitas e despesas financeiras, separando-as das demais despesas e receitas, enquanto que na legislação societária as receitas e despesas financeiras fazem parte das despesas operacionais;
- no CPC as participações estatutárias, não são destacadas na demonstração do resultado do período, devendo ser incluídas nas despesas com vendas, administrativas ou financeiras de acordo com a sua natureza, enquanto que pela legislação societária são evidenciadas separadamente na demonstração do resultado do exercício;
- no CPC o resultado das operações descontinuadas é separado na demonstração do resultado do período, enquanto que na legislação societária não.
- no CPC ganhos e perdas de capital são evidenciados separadamente, enquanto que na legislação societária são classificadas em outras receitas e outras despesas.

É importante destacar que essas são as informações mínimas a serem apresentadas, bem como deve ser observada a legislação societária, então, é interessante, por exemplo, manter o subtotal de deduções de vendas e receita líquida.

3.2.2.1 Receitas

A definição de receita está expressa na alínea *a* do item 4.25 do pronunciamento conceitual básico do CPC(R1), como aumentos nos benefícios econômicos durante o período contábil sob a forma de entrada de recursos ou aumento de ativos ou diminuição de passivos, que resultam em aumentos do patrimônio líquido e que não sejam provenientes de aporte dos proprietários da entidade.

Segundo o item 4.29 do pronunciamento conceitual básico do CPC(R1), a definição de receita abrange tanto as receitas propriamente ditas como ganhos. A receita surge no curso das atividades usuais de uma entidade e é designada por uma variedade de nomes, tais como vendas, honorários, juros, dividendos, royalties e aluguéis.

Além disso, de acordo com o item 4.32 do pronunciamento conceitual básico do CPC(R1), vários tipos de ativos podem ser recebidos ou aumentados por meio da receita; exemplos incluem caixa, contas a receber, mercadorias e serviços recebidos em troca de mercadorias e serviços fornecidos. A receita também pode resultar da liquidação de passivos. Por exemplo, a entidade pode fornecer mercadorias e serviços a um credor em liquidação da obrigação de pagar um empréstimo.

Em relação ao reconhecimento de receitas, segundo o item 4.47 do pronunciamento conceitual básico do CPC(R1) a receita é reconhecida na demonstração do resultado quando resulta em um aumento nos benefícios econômicos futuros relacionado com aumento de ativo ou com diminuição de passivo, que possa ser determinado em bases confiáveis.

Isso significa, de fato, que o reconhecimento da receita ocorre simultaneamente com o reconhecimento de aumento de ativo ou de diminuição de passivo. Mas isso não significa que todo aumento de ativo ou redução de passivo corresponda a uma receita, para isso é necessário que ocorra um aumento de patrimônio líquido.

Além disso, o item 10 do pronunciamento técnico CPC 30(R1), requer que as receitas sejam mensuradas pelo valor justo do montante recebido ou a receber, levando em consideração a quantia de quaisquer descontos comerciais e ou bonificações concedidas pela entidade ao comprador.

3.2.2.2 Ganhos

Conforme evidenciado anteriormente, a definição de receita engloba inclusive a definição de ganho, ou seja, ganho representa um elemento da receita da entidade.

De acordo com o item 4.30 do pronunciamento conceitual básico do CPC(R1), ganhos representam outros itens que se enquadram na definição de receita e podem ou não surgir no curso das atividades usuais da entidade, representando aumentos nos benefícios econômicos e, como tal, não diferem, em natureza, das receitas.

Ganhos, de acordo com o item 4.31 do pronunciamento conceitual básico do CPC(R1), incluem, por exemplo, aqueles que resultam da venda de ativos não circulantes com lucro.

Além disso, a definição de receita também inclui ganhos não realizados, a exemplo, daqueles que resultam da atualização de títulos negociáveis a valor justo e os que resultam de aumentos no valor de ativos a longo prazo.

Quando esses ganhos são reconhecidos na demonstração do resultado do período, eles são usualmente apresentados separadamente, porque sua divulgação é útil para fins de tomada de decisões econômicas. Ademais, esses ganhos são, na maioria das vezes, mostrados líquidos das respectivas despesas.

3.2.2.3 Despesas

A definição de despesas está expressa na alínea *b* do item 4.25 do pronunciamento conceitual básico do CPC(R1), como decréscimos nos benefícios econômicos durante o período contábil sob a forma de saída de recursos ou redução de ativos ou incrementos em passivos, que resultam em decréscimo do patrimônio líquido e que não sejam provenientes de distribuição aos proprietários da entidade.

De acordo com o item 4.33 do pronunciamento conceitual básico do CPC(R1) a definição de despesas abrange tanto as perdas quanto as despesas propriamente ditas que surgem no curso das atividades usuais da entidade.

As despesas que surgem no curso das atividades usuais da entidade incluem, por exemplo, o custo das vendas, salários e depreciação. Geralmente, tomam a forma de um desembolso ou redução de ativos como caixa e equivalentes de caixa, estoques e ativo imobilizado.

No que diz respeito ao reconhecimento, de acordo com o item 4.49 do pronunciamento conceitual básico do CPC(R1), as despesas são reconhecidas na demonstração do resultado quando surge um decréscimo nos benefícios econômicos futuros, relacionado com o decréscimo de um ativo ou o aumento de um passivo, que possa ser determinado em bases confiáveis.

Portanto, o reconhecimento de despesa ocorre simultaneamente com o reconhecimento do aumento do passivo ou da diminuição do ativo (por exemplo, a provisão para obrigações trabalhistas ou a depreciação de um equipamento).

Além disso, o item 4.50 do pronunciamento conceitual básico do CPC(R1) dispõe que as despesas são reconhecidas na demonstração do resultado com base na associação direta entre elas e os correspondentes itens de receita.

Esse processo, usualmente chamado de confrontação entre despesas e receitas (Regime de Competência), envolve o reconhecimento simultâneo ou combinado das receitas e despesas que resultem diretamente das mesmas transações ou outros eventos; por exemplo, os vários componentes de despesas que integram o custo das mercadorias vendidas devem ser reconhecidos na mesma data em que a receita derivada da venda das mercadorias é reconhecida.

Além disso, a definição de despesas também inclui as perdas não realizadas, por exemplo, as que surgem dos efeitos dos aumentos na taxa de câmbio de uma moeda estrangeira com relação aos empréstimos a pagar em tal moeda.

3.2.2.4 Perdas

Perdas, conforme dispõe o item 4.34 do pronunciamento conceitual básico do CPC(R1), representam outros itens que se enquadram na definição de despesas e podem ou não surgir no curso das atividades usuais da entidade, representando decréscimos nos benefícios econômicos e, como tal, não são de natureza diferente das demais despesas.

Perdas incluem, segundo o item 4.35 do pronunciamento conceitual básico do CPC(R1), por exemplo, as que resultam de sinistros como incêndio e inundações, assim como as que decorrem da venda de ativos não circulantes com prejuízos.

Quando as perdas são reconhecidas na demonstração do resultado do período, elas são geralmente demonstradas separadamente, pois sua divulgação é útil para fins de tomada de decisões econômicas. Ademais, as perdas são, geralmente, demonstradas líquidas dos respectivos ganhos.

3.2.2.5 Resultado antes das receitas e despesas financeiras

É a diferença entre o lucro bruto e as despesas com vendas, administrativas, outras despesas e receitas operacionais e o resultado de equivalência patrimonial.

3.3 LUCRO OU PREJUÍZO OPERACIONAL

3.3.1 Normas Brasileiras pela Legislação Societária

Nas normas brasileiras pela legislação societária, de acordo com o art. 187 da Lei nº 6.404/76, o resultado operacional é obtido através da diferença entre o lucro bruto e as despesas e receitas operacionais, representando o resultado obtido pela empresa na consecução de suas atividades usuais.

Assim, nas normas brasileiras o resultado operacional é obtido através da soma algébrica da receita bruta, das deduções de vendas, do custo das mercadorias vendidas, das despesas operacionais, das despesas financeiras líquidas e das outras receitas ou despesas operacionais.

Nas normas brasileiras a receita bruta de vendas e serviços demonstra o valor das receitas decorrentes das atividades normais da empresa, consubstanciadas nas notas fiscais de vendas de mercadorias, produtos ou prestação de serviços. Já as deduções de vendas são representadas pelas contas de devoluções de vendas, abatimentos incondicionais, descontos incondicionais e tributos incidentes sobre as receitas de vendas de mercadorias, serviços e produtos. A diferença entre a receita bruta de vendas e as deduções de vendas, fornece outro subtotal da demonstração do resultado do exercício, denominada de receita líquida de vendas e serviços.

Já a diferença entre a receita líquida de vendas e o custo das mercadorias vendidas, é denominado de lucro bruto e representa o lucro obtido pela entidade, computados os tributos diretos e os gastos com a compra ou produção do produto, ou seja, é o saldo que remanesce para cobertura das despesas operacionais e não operacionais da entidade.

Além disso, para se obter o resultado operacional, nas normas brasileiras, deve-se subtrair do valor do lucro bruto, as despesas operacionais. Consideram-se despesas operacionais àquelas pagas ou incorridas para vender produtos e administrar a empresa sendo que, no conceito adotado pela legislação societária, abrange também as despesas líquidas para financiar suas operações, isso porque o inciso III do art. 187 da Lei nº 6.404/76 estabelece que, para chegar-se ao lucro ou prejuízo operacional, serão deduzidas as despesas com vendas, as despesas financeiras deduzidas das receitas financeiras, as despesas gerais e administrativas e outras receitas ou despesas operacionais. Portanto, as despesas operacionais dividem-se em:

- despesas com vendas;
- despesas administrativas;
- despesas financeiras;
- receitas financeiras;
- outras receitas ou despesas operacionais.

3.3.2 Normas Brasileiras pelo CPC

Nas normas brasileiras pelo CPC, conforme evidenciado anteriormente, não existe um grupo denominado de resultado operacional, existindo apenas a separação das receitas e despesas financeiras por meio de um subgrupo denominado de "resultado antes das receitas e despesas financeiras", também conhecido como *Earning Before Interests and Taxes* – EBIT.

Além disso, o item 10 do pronunciamento técnico CPC 30(R1), requer que as receitas sejam mensuradas pelo valor justo do montante recebido ou a receber, levando em consideração a quantia de quaisquer descontos comerciais e ou bonificações concedidas pela entidade ao comprador.

Segundo o item 34 do pronunciamento técnico CPC 26(R1), a entidade desenvolve, no decurso das suas atividades usuais, outras transações que não geram propriamente receitas, mas que são incidentais às atividades principais geradoras de receitas. Os resultados de tais transações são apresentados, quando esta apresentação refletir a essência da transação ou outro evento, compensando-se quaisquer receitas com as despesas relacionadas resultantes da mesma transação. Por exemplo:

- ganhos e perdas na alienação de ativos não circulantes, incluindo investimentos e ativos operacionais, devem ser apresentados de forma líquida, deduzindo-se seus valores contábeis dos valores recebidos pela alienação e reconhecendo-se as despesas de venda relacionadas; e
- despesas relacionadas com uma provisão reconhecida de acordo com o pronunciamento técnico CPC 25 e que tiveram reembolso segundo acordo contratual com terceiros (por exemplo, acordo de garantia do fornecedor) podem

ser compensadas com o respectivo reembolso.

Além disso, segundo o item 35 do pronunciamento técnico CPC 26(R1), ganhos e perdas provenientes de grupo de transações semelhantes são apresentados em base líquida, por exemplo, ganhos e perdas de diferenças cambiais ou ganhos e perdas provenientes de instrumentos financeiros classificados como para negociação. Não obstante, esses ganhos e perdas devem ser apresentados separadamente se forem materiais.

Ademais, interpretando-se o item 82 do pronunciamento técnico CPC 26(R1), constata-se que o CPC não utiliza o conceito de despesas operacionais, mas classifica separadamente das receitas e despesas financeiras os seguintes itens:

- despesas com vendas;
- despesas gerais e administrativas;
- outras despesas operacionais;
- outras receitas operacionais;
- resultado de equivalência patrimonial;
- ganhos e perdas de capital;
- outros itens evidenciados separadamente.

Assim, tendo em vista que a alínea "f" do item 82 do pronunciamento técnico CPC 26(R1), separou as receitas e despesas financeiras das demais despesas e receitas por meio da inclusão de um subgrupo intitulado "resultado antes das receitas e despesas financeiras", diferentemente das normas brasileiras pela legislação societária, nas normas brasileiras pelo CPC, não é utilizado o conceito de resultado operacional.

3.4 OUTRAS RECEITAS E OUTRAS DESPESAS (ANTERIORMENTE DENOMINADAS DE RECEITAS E DESPESAS NÃO OPERACIONAIS)

3.4.1 Normas Brasileiras pela Legislação Societária

Nas normas brasileiras pela legislação societária de acordo com o inciso IV do art. 187 da Lei nº 6.404/76 com redação dada pela Lei nº 11.941/09, verifica-se que foi substituída a expressão "as receitas e despesas não operacionais" por "outras receitas e as outras despesas"; portanto, em consonância com as normas internacionais e norte-americanas, foi suprimida a expressão "não operacionais" do escopo da demonstração do resultado do exercício, o que é bastante pertinente do ponto de vista semântico, uma vez que os administradores não podem praticar atos estranhos às operações da companhia. Consequentemente, os ganhos e perdas de capital passarão a ser classificados como outras receitas ou outras despesas, respectivamente, de acordo com a legislação societária.

3.4.2 Normas Brasileiras pelo CPC

Conforme evidenciado anteriormente, o CPC deixou de utilizar, a exemplo da legislação societária, a expressão "não operacionais" a qual engloba os ganhos e perdas de capital na alienação de ativos não circulantes.

Da mesma forma que nas normas internacionais, esses ganhos e perdas provenientes da venda ou baixa de ativos não circulantes, conforme dispõe o item 98 do pronunciamento técnico CPC 26(R1), devem ser divulgados separadamente na demonstração do resultado do período, antes do grupo resultado antes das receitas e despesas financeiras.

3.5 RESULTADO DAS OPERAÇÕES EM CONTINUIDADE

3.5.1 Normas Brasileiras pela Legislação Societária

Nas normas brasileiras pela legislação societária, de acordo com a Lei nº 6.404/76 não existe um grupo intitulado resultado das operações em continuidade na demonstração do resultado do exercício.

3.5.2 Normas Brasileiras pelo CPC

Nas normas brasileiras pelo CPC, de acordo com o item 25 do pronunciamento técnico CPC 26(R1), parte-se do princípio de que as demonstrações contábeis serão elaboradas no pressuposto de continuidade de suas operações, a menos que a administração pretenda liquidar a entidade ou cessar as operações, ou não tenha outra alternativa realista para continuar adotando o pressuposto da continuidade operacional.

Quando a administração está ciente, ao fazer sua avaliação,

de incertezas significativas relacionadas a eventos ou condições que podem lançar dúvida substancial sobre a capacidade de a entidade manter-se em situação de continuidade operacional, essas incertezas devem ser divulgadas em notas explicativas às demonstrações contábeis.

Além disso, quando as demonstrações contábeis não forem preparadas no pressuposto de entidade em continuidade operacional, esse fato deve ser divulgado juntamente com a base em que as demonstrações contábeis foram elaboradas e a razão pela qual ela não é considerada uma entidade em continuidade.

Além do mais, o item 26 do pronunciamento técnico CPC 26(R1), determina que ao avaliar se a premissa de entidade em continuidade operacional é adequada, a administração deve levar em consideração todas as informações disponíveis para um futuro previsível, que deve ser de, pelo menos, mas não limitado a, 12 meses a contar da data do balanço patrimonial.

O grau de consideração depende dos fatos em cada caso concreto. Ademais, quando uma entidade tem um histórico de operações lucrativas e pronto acesso a recursos financeiros, pode-se chegar à conclusão de que a premissa da entidade em continuidade operacional é apropriada, sem uma análise detalhada.

Em outros casos, a administração pode necessitar considerar uma ampla variedade de fatores que cercam a lucratividade atual e a esperada, programações de pagamento de dívidas e fontes potenciais de refinanciamentos antes de poder concluir que a premissa da entidade em continuidade operacional é apropriada.

É importante destacar que a alínea "j" do item 82 do pronunciamento técnico CPC 26(R1), criou a obrigatoriedade de um subgrupo denominado resultado líquido das operações continuadas, a fim de separar na demonstração do resultado do período o resultado das operações em descontinuidade, a exemplo do que ocorre internacionalmente.

3.6 RESULTADO DAS OPERAÇÕES EM DESCONTINUIDADE

3.6.1 Normas Brasileiras pela Legislação Societária

Nas normas brasileiras pela legislação societária, de acordo com a Lei nº 6.404/76 não existe um grupo intitulado resultado das operações em descontinuidade na demonstração do resultado do exercício.

3.6.2 Normas Brasileiras pelo CPC

Nas normas brasileiras pelo CPC, de acordo com o item 25 do pronunciamento técnico CPC 26(R1), parte-se do princípio de que as demonstrações contábeis serão elaboradas no pressuposto de continuidade de suas operações.

Todavia, se elas forem elaboradas no pressuposto de descontinuidade ou se alguma operação tiver sido descontinuada, segundo a alínea "k" do item 82 do pronunciamento técnico CPC 26(R1), esses valores devem ser apresentados na demonstração do resultado do período após o resultado das operações continuadas, da seguinte forma:

- Um único valor total para as operações descontinuadas.

3.7 RESULTADO ANTES DO IMPOSTO DE RENDA E DA CONTRIBUIÇÃO SOCIAL

3.7.1 Normas Brasileiras pela Legislação Societária

De acordo com as normas brasileiras pela legislação societária, dispostas no art.187 da Lei nº 6.404/76, o resultado antes do imposto de renda e da contribuição social é obtido através da diferença entre o resultado operacional e as outras receitas e as outras despesas, representando o total obtido pela empresa antes da apropriação do imposto de renda, contribuição social e das participações estatutárias.

3.7.2 Normas Brasileiras pelo CPC

Nas normas brasileiras pelo CPC, de acordo com o item 82 do pronunciamento técnico CPC 26(R1), existe um grupo intitulado resultado antes dos tributos sobre o lucro cujo valor é obtido pela diferença entre o resultado antes das receitas e despesas financeiras e as despesas financeiras e as receitas financeiras.

3.8 ITENS EXTRAORDINÁRIOS

3.8.1 Normas Brasileiras pela Legislação Societária

Nas normas brasileiras pela legislação societária, de acordo com a Lei nº 6.404/76 não existe um grupo intitulado itens extraordinários na demonstração do resultado do exercício.

3.8.2 Normas Brasileiras pelo CPC

Nas normas brasileiras pelo CPC, de acordo com o item 87 do pronunciamento técnico CPC 26(R1), a entidade não deve apresentar rubricas ou itens de receitas ou despesas como itens extraordinários, quer seja na demonstração do resultado abrangente, quer seja na demonstração do resultado do período, quer seja nas notas explicativas.

3.9 RESULTADO ANTES DAS PARTICIPAÇÕES

3.9.1 Normas Brasileiras pela Legislação Societária

Nas normas brasileiras pela legislação societária existe um subtotal denominado resultado antes das participações, utilizado em razão da doutrina, que é obtido através da diferença entre o resultado antes da contribuição social e imposto de renda e a despesa com contribuição social e com imposto de renda. As participações são parcelas do lucro distribuídas a determinados favorecidos, nos termos estabelecidos pelo estatuto de cada companhia. São registradas nesse item as participações sobre os lucros atribuídas as debêntures, empregados, administradores, partes beneficiárias e instituições ou fundos de assistência ou previdência de empregados, conforme dispõe o inciso VI do art. 187 da Lei nº 6.404/76.

No que tange ao inciso VI do art. 187 da Lei nº 6.404/76 alterado pela Lei nº 11.941/09 foi determinado que as participações de empregados e administradores, mesmo na forma de instrumentos financeiros, que não se caracterizem como despesa, devem ser classificadas como resultado de participações, após a linha do imposto de renda. Nesse sentido, segundo o item 44 do pronunciamento técnico CPC 13, as remunerações a empregados e administradores que não forem definidas em função, direta e proporcionalmente, do lucro da entidade, são classificadas como custo ou despesa operacional.

3.9.2 Normas Brasileiras pelo CPC

Nas normas brasileiras pelo CPC, de acordo com o item 82 do pronunciamento técnico CPC 26(R1), não existe um grupo intitulado resultado antes das participações na demonstração do resultado do período, de forma similar as normas internacionais.

Portanto, quando for o caso, deverão ser classificadas como despesas com vendas ou administrativas (participação de administradores, participações de empregados e participação de partes beneficiárias) ou despesas financeiras (participação de debêntures). É importante enfatizar que é vedado às companhias abertas, nos termos do parágrafo único do art. 47 da Lei nº 6.404/76 com redação dada pela Lei nº 10.303/01, emitir partes beneficiárias.

3.10 LUCRO OU PREJUÍZO LÍQUIDO DO EXERCÍCIO

3.10.1 Normas Brasileiras pela Legislação Societária

Nas normas brasileiras pela legislação societária, o lucro líquido do exercício é obtido pela diferença entre o resultado antes das participações e as participações, representando o lucro ou prejuízo do período apurado pela entidade no exercício.

3.10.2 Normas Brasileiras pelo CPC

Nas normas brasileiras pelo CPC, de acordo com o item 82 do pronunciamento técnico CPC 26(R1), existe um grupo intitulado resultado líquido do período na demonstração do resultado do período, obtido pela diferença entre o resultado das operações continuadas e o resultado líquido das operações descontinuadas.

Naturalmente, se a empresa estiver em continuidade, o resultado líquido do período será obtido pela diferença entre o resultado antes dos tributos sobre o lucro e as despesas com tributos sobre o lucro.

Ademais, segundo o item 88 do pronunciamento técnico CPC 26(R1), todos os itens de receitas e despesas reconhecidos no período devem ser incluídos no resultado líquido do período a menos que um ou mais pronunciamentos, interpretações e orientações requeiram ou permitam procedimento distinto, a exemplo dos ajustes de exercícios anteriores referentes a correção de erros e efeito de alterações nas políticas contábeis que são registrados diretamente em lucros ou prejuízos acumulados e apresentados na demonstração de lucros ou prejuízos acumulados ou na demonstração das mutações do patrimônio líquido.

3.11 LUCRO OU PREJUÍZO POR AÇÃO

3.11.1 Normas brasileiras pela legislação societária

Nas normas brasileiras pela legislação societária, conforme determina o inciso VII do art. 187 da Lei nº 6.404/76, o montante do lucro ou prejuízo por ação do capital social deve ser indicado ao final da demonstração do resultado do exercício. O lucro por ação, resumidamente, é apurado mediante a divisão do lucro ou prejuízo líquido do exercício pelo número de ações em circulação, cujo objetivo principal é o de permitir a mensuração, pelos acionistas, das ações que eles possuem na entidade. Ações em circulação são aquelas em poder dos acionistas, ou seja, refere-se ao total das ações emitidas pela companhia exceto as ações não integralizadas e as ações em tesouraria.

3.11.2 Normas brasileiras pelo CPC

3.11.2.1 Aspectos gerais

Nas normas brasileiras pelo CPC, de acordo com o item 4A do pronunciamento técnico CPC 41, de forma similar à legislação societária, existe a obrigatoriedade de apresentar ao final da demonstração do resultado do período o lucro ou prejuízo básico e diluído por ação ou quota do capital.

3.11.2.2 Resultado básico por ação

Segundo o item 9 do pronunciamento técnico CPC 41, a companhia deve calcular o valor do resultado básico por ação para o lucro ou prejuízo atribuível aos titulares de ações ordinárias (ou capital próprio ordinário) da companhia e, se apresentado, o lucro ou prejuízo resultante das operações continuadas atribuível a esses titulares de ações ordinárias.

O resultado básico por ação, segundo o item 10 do pronunciamento técnico CPC 41, deve ser calculado dividindo-se o lucro ou prejuízo atribuível aos titulares de ações ordinárias da companhia (o numerador) pelo número médio ponderado de ações ordinárias em circulação em poder dos acionistas (o denominador) durante o período, conforme apresentado na **Figura 3.3**.

$$\textbf{Resultado básico por ação ordinária} = \frac{\text{Lucro Líquido atribuível ações ordinárias}}{\text{Número médio de ações ordinárias}}$$

Figura 3.3 Cálculo do resultado básico por ação ordinária

O objetivo da informação relativa ao resultado básico por ação, segundo o item 11 do pronunciamento técnico CPC 41, é proporcionar a mensuração da participação de cada ação da companhia no desempenho da entidade durante o período.

3.11.2.3 Resultado diluído por ação

De acordo com o item 30 do pronunciamento técnico CPC 41, a companhia deve calcular as quantias relativas ao resultado diluído por ação para o lucro ou o prejuízo atribuível aos titulares de capital próprio ordinário da companhia e, se apresentado, o lucro ou o prejuízo resultante das operações continuadas (ou seja, excluído o resultado das operações descontinuadas) atribuível a esses titulares do capital próprio ordinário.

Nesse sentido, nos termos do item 31 do pronunciamento técnico CPC 41 para obter-se o resultado diluído por ação, a companhia deve ajustar o lucro ou o prejuízo atribuível aos titulares de ações ordinárias (capital próprio ordinário) da companhia, bem como o número médio ponderado de ações totais em poder dos acionistas (em circulação), para refletir os efeitos de todas as ações ordinárias potenciais diluidoras. Portanto, de acordo com o item 32 do pronunciamento técnico CPC 41:

(a) o lucro ou o prejuízo atribuível aos titulares de capital próprio ordinário da companhia deve ser aumentado pelo valor após tributos sobre dividendos e participação (se houver) reconhecidos no período em relação às ações ordinárias potenciais diluidoras, e deve ser ajustado por quaisquer outras alterações nas receitas ou despesas que resultariam da conversão das ações ordinárias potenciais diluidoras; e

(b) o número médio ponderado de ações ordinárias totais com os acionistas deve ser aumentado pelo número médio ponderado de outras ações ordinárias que teriam estado em poder dos acionistas, assumindo a conversão de todas as ações ordinárias potenciais diluidoras.

Para calcular o resultado diluído por ação, segundo o item 33 do pronunciamento técnico CPC 41, a companhia deve ajustar o lucro ou o prejuízo atribuível aos titulares de capital próprio ordinário da companhia, tal como calculado de acordo com o item 12, pelo efeito após tributos de:

(a) quaisquer dividendos ou outros itens relacionados com ações ordinárias potenciais diluidoras que tenham sido deduzidas para apurar o lucro ou prejuízo atribuível aos titulares de capital próprio ordinário da companhia, tal como calculado de acordo com o item 12;

(b) qualquer participação reconhecida no período relacionada com as ações ordinárias potenciais diluidoras; e

(c) quaisquer outras alterações nas receitas ou despesas que resultariam da conversão das ações ordinárias potenciais diluidoras.

Dessa forma, o resultado diluído por ação é calculado de acordo com a fórmula apresentada na **Figura 3.4**.

$$RDA = \frac{\text{Lucro Líquido ref. ações ordinárias + dividendos preferenciais* + participações}}{\text{Número médio de ações ordinárias + número médio de ações ordinárias potenciais diluidoras}}$$

RDA = Resultado diluído por ação ordinária

*supondo-se que as ações preferenciais sejam conversíveis em ordinárias

Figura 3.4 Cálculo do resultado diluído por ação ordinária

Nesse sentido, consideram-se ações ordinárias potenciais diluidoras:

- Ações preferenciais conversíveis em ações ordinárias;
- Debêntures conversíveis em ações ordinárias;
- Partes beneficiárias conversíveis em ações ordinárias;
- Bônus de subscrição de ações ordinárias;
- Opções de compra de ações ordinárias.

Além disso, segundo o item 41 do pronunciamento técnico CPC 41, as ações ordinárias potenciais devem ser tratadas como diluidoras quando, e somente quando, a sua conversão em ações ordinárias possa diminuir o lucro por ação ou possa aumentar o prejuízo por ação proveniente das operações continuadas.

Dessa forma, supondo que a companhia Alfa, cujo capital social é composto das ações apresentadas na **Figura 3.5**.

Número de ações ordinárias	**5.000 AÇÕES**
(-) número de ações ordinárias a integralizar	**(1.000) AÇÕES**
Número de ações preferencias não conversíveis em ordinárias	**3.000 AÇÕES**
Número de ações preferenciais conversíveis em ordinárias	**2.000 AÇÕES**

Figura 3.5 Composição do capital social

Em relação à **Figura** 3.5 verifica-se que a companhia Alfa possui um total de 10.000 ações e 9.000 (10.000 - 1.000) ações em circulação. Assim, se o lucro líquido do período em determinado exercício social for de $ 108.000 e o dividendo fixo apropriado para as ações preferenciais conversíveis em ordinárias tenha sido de $ 6.000, o lucro básico e diluído por ação será calculado de acordo com o apresentado na **Figura 3.6**.

$$\text{Lucro básico por ação ordinária} = \frac{[108.000 \times (4.000/9.000)]}{4.000} = 12{,}00 \text{ por ação}$$

$$\text{Lucro diluído por ação ordinária} = \frac{[108.000 \times (4.000 / 9.000)] + 6.000}{4.000 + 2.000} = 9{,}00 \text{ por ação}$$

Figura 3.6 Cálculo do lucro básico e diluído por ação

3.12 ESTRUTURA DA DEMONSTRAÇÃO DO RESULTADO DO EXERCÍCIO

3.12.1 Normas brasileiras pela legislação societária

Nas normas brasileiras pela legislação societária, de acordo com o art. 187 da Lei nº 6.404/76, a estrutura da demonstração do resultado do exercício é a apresentada na **Figura 3.7**.

DEMONSTRAÇÃO DO RESULTADO DO EXERCÍCIO

Receita Bruta

(-) Deduções

Receita Líquida

(-) Custo das mercadorias vendidas

Lucro Bruto

Despesas com vendas

Despesas administrativas

Despesas financeiras líquidas

Outras receitas ou (despesas) operacionais

Resultado Operacional

(+) Outras receitas

(-) Outras despesas

Resultado antes da CSSL e IR

(-) Contribuição social

(-) Imposto de renda

Resultado antes das participações

(-) Participações estatutárias

Lucro (prejuízo) líquido do exercício

Lucro (prejuízo) por ação

Figura 3.7 Demonstração do resultado do exercício nas normas brasileiras pela legislação societária

3.12.2 Normas brasileiras pelo CPC

Nas normas brasileiras pelo CPC, de acordo com o item 82 do pronunciamento técnico CPC 26(R1), a estrutura, mínima, da demonstração do resultado do período é a apresentada na **Figura 3.8**.

DEMONSTRAÇÃO DO RESULTADO

Receita Bruta

(-) Deduções da receita bruta*

Receita Líquida*

(-) CMV

Lucro Bruto

Despesa com vendas

Despesas administrativas

Outras despesas e receitas operacionais

Resultado de Equivalência patrimonial

Itens evidenciados separadamente (item 98 do CPC 26(R1))

Resultado antes das receitas e despesas financeiras

Despesas financeiras

Receitas financeiras

Resultado antes dos tributos sobre o lucro

Despesas com tributos sobre o lucro

Resultado líquido das operações continuadas

Resultado líquido das operações descontinuadas

Resultado líquido do período

(-) participação de não controladores

Resultado líquido Consolidado

Lucro (prejuízo) líquido por ação*

*itens que não constam da estrutura mínima, mas que constam da legislação societária

Figura 3.8 Demonstração do resultado nas normas brasileiras pelo CPC

3.13 TRATAMENTO CONTÁBIL PARA PEQUENAS E MÉDIAS EMPRESA

Os conceitos apresentados referentes a demonstração do resultado do período também são aplicáveis às entidades de pequeno e médio porte. Para maiores detalhes deve ser consultada a seção 5 do pronunciamento técnico PME.

REFERÊNCIAS

ALMEIDA, Marcelo Cavalcanti. **Contabilidade Avançada**: de acordo com as novas exigências do MEC para o curso de Ciências Contábeis: textos, exemplos e exercícios resolvidos. São Paulo: Atlas, 1997.

ANDRADE, Guy Almeida. **A universalização da linguagem contábil**. Revista Brasileira de Contabilidade, Brasília, nº 135, p. 17-21, maio/junho 2002.

ASSOCIAÇÃO BRASILEIRA DE NORMAS TÉCNICAS. **NBR 10520**: Informação e documentação – Apresentação de citações em documentos. Rio de Janeiro: 2001.

ASSOCIAÇÃO BRASILEIRA DE NORMAS TÉCNICAS. **NBR 14724**: Informação e documentação – Trabalhos acadêmicos – Apresentação. Rio de Janeiro: 2001.

BASSO, Maristela. **Joint Ventures**: manual prático das associações empresariais. Porto Alegre: Livraria do Advogado, 1998.

BEAMS, Floyd A. **Advanced Accounting**. 6. ed. New Jersey: Prentice-Hall, 1996.

BOLSA DE VALORES DO ESTADO DE SÃO PAULO: **Novo Mercado**. Disponível em: <(www.bovespa.com.br> Acesso em: 28 nov. 2002.

BRAGA, Hugo Rocha. **A nova lei das S.A exigirá transparência na Contabilidade**. Mensário Brasileiro de Contabilidade, Rio de Janeiro, nº 86, p. 2, março/abril 2002.

BRASIL. **Lei das sociedades por ações**. Lei nº 6.404, de 15 de dezembro de 1976, alterada pela Lei nº 9.457, de 05 de maio de 1997. 26. ed. São Paulo: Atlas, 1998.

BRASIL. Lei nº 10.303, de 31 de outubro de 2001. Altera e acrescenta dispositivos na Lei nº 6.404 de 15 de dezembro de 1976 e na Lei n.º 6.385, de 7 de dezembro de 1976. **Diário Oficial da União**, Brasília, DF, 01 nov. 2001.

_______. Lei nº 10.637, de 30 de dezembro de 2002. Dispõe sobre a não cumulatividade na cobrança da contribuição para os programas de Integração Social (PIS) e de formação do Patrimônio do Servidor Público (PASEP), nos casos que especifica: sobre o pagamento e o parcelamento de débitos tributários federais, a compensação de créditos fiscais, a declaração de inaptidão de inscrições de pessoas jurídicas, a legislação aduaneira, e dá outras providências. **Diário Oficial da União**, Brasília, DF, 31 dez. 2002.

_______. Lei n.º 12.973, de 14 de maio de 2014. Altera a legislação tributária federal relativa ao Imposto sobre a Renda das Pessoas Jurídicas (IRPJ), à Contribuição Social sobre o Lucro Líquido (CSLL), à Contribuição para o PIS/Pasep e à Contribuição para o Financiamento da Seguridade Social (Cofins); revoga o Regime Tributário de Transição (RTT). **Diário Oficial da República Federativa do Brasil**. Brasília, 2014.

_______. **Deliberação CVM n.º 557,** de 12 de novembro de 2008. Aprova pronunciamento técnico CPC 09 do Comitê de pronunciamentos contábeis, que trata da demonstração do valor adicionado, 2008.

_______. **Deliberação CVM n.º 640,** de 07 de outubro de 2010. Aprova pronunciamento técnico CPC 02(R2) do Comitê de pronunciamentos contábeis, que trata de efeitos das mudanças nas taxas de câmbio e conversão de demonstrações contábeis, 2010.

_______. **Deliberação CVM n.º 642,** de 07 de outubro de 2010. Aprova pronunciamento técnico CPC 05(R1) do Comitê de pronunciamentos contábeis, que trata da divulgação de partes relacionadas, 2010.

_______. **Deliberação CVM n.º 665,** de 04 de agosto de 2011. Aprova pronunciamento técnico CPC 15(R1) do Comitê de pronunciamentos contábeis, que trata de combinação de negócios, 2011.

_______. **Deliberação CVM n.º 666,** de 04 de agosto de 2011. Aprova pronunciamento técnico CPC 19(R1) do Comitê de pronunciamentos contábeis, que trata de demonstrações consolidadas, 2011.

_______. **Deliberação CVM n.º 667,** de 04 de agosto de 2011. Aprova pronunciamento técnico CPC 35(R1) do Comitê de pronunciamentos contábeis, que trata de demonstrações separadas, 2011.

_______. **Deliberação CVM n.º 683,** de 30 de agosto de 2012. Aprova a Interpretação Técnica ICPC 08(R1) do Comitê de Pronunciamentos Contábeis, que trata da contabilização da proposta de pagamento de dividendos, 2012.

_______. **Deliberação CVM n.º 687,** de 04 de outubro de 2012. Aprova interpretação técnica ICPC 09(R1) do Comitê de pronunciamentos contábeis, que trata de demonstrações contábeis individuais, demonstrações separadas, demonstrações consolidadas e aplicação do método da equivalência patrimonial, 2012.

_______. **Deliberação CVM n.º 694,** de 23 de novembro de 2012. Aprova pronunciamento técnico CPC 19(R2) do Comitê de pronunciamentos contábeis, que trata de demonstrações consolidadas, 2012.

_______. **Deliberação CVM n.º 676,** de 13 de dezembro de 2012. Aprova pronunciamento técnico CPC 26(R1) do Comitê de pronunciamentos contábeis, que trata da apresentação das demonstrações contábeis, 2012.

_______. **Deliberação CVM n.º 696,** de 13 de dezembro de 2012. Aprova pronunciamento técnico CPC 18(R2) do Comitê de pronunciamentos contábeis, que trata de investimento em coligada e em controlada, 2012.

_______. **Deliberação CVM n.º 698,** de 20 de dezembro de 2012. Aprova pronunciamento técnico CPC 36(R3) do Comitê de pronunciamentos contábeis, que trata de investimento em empreendimento conjunto, 2012.

_______. **Deliberação CVM n.º 718,** de 17 de dezembro de 2013. Aprova documento de revisão de pronunciamentos técnicos nº 3 referentes aos Pronunciamentos CPC 01 (R1), CPC 02 (R2), CPC 03 (R2), CPC 04 (R1), CPC 05 (R1), CPC 06 (R1), CPC 07 (R1), CPC 10 (R1), CPC 11, CPC 15 (R1), CPC 16, CPC 19 (R2), CPC 21 (R1), CPC 23, CPC 24, CPC 26 (R1), CPC 27, CPC 28, CPC 29, CPC 31, CPC 32, CPC 36 (R3), CPC 37 (R1), CPC 38, CPC 39 e CPC 41 emitidos pelo Comitê de Pronunciamentos Contábeis, 2013.

_______. **Deliberação CVM n.º 723,** de 14 de agosto de 2014. Aprova o Documento de Revisão de Pronunciamentos Técnicos nº 04 referente aos Pronunciamentos CPC 03 (R2), CPC 05 (R1), CPC 15 (R1), CPC 21 (R1), CPC 31, CPC 32,

CPC 35 (R2), CPC 36 (R3), CPC 37 (R1), CPC 38, CPC 39, CPC 40 (R1) e CPC 45 emitidos pelo Comitê de Pronunciamentos Contábeis, 2014.

_______. **Deliberação CVM n.º 724,** de 14 de agosto de 2014. Aprova o Documento de Revisão de Pronunciamentos Técnicos nº 05 referente aos Pronunciamentos CPC 01 (R1) e CPC 38 emitidos pelo Comitê de Pronunciamentos Contábeis.

_______. **Deliberação CVM n.º 729,** de 27 de novembro de 2014. Aprova interpretação técnica ICPC 09(R2) do Comitê de pronunciamentos contábeis, que trata de demonstrações contábeis individuais, demonstrações separadas, demonstrações consolidadas e aplicação do método da equivalência patrimonial, 2014.

CATLETT, George R; OLSON, Norman O. **Accounting for Goodwill.** Accounting Research Study nº 10, American Institute of Certified Public Accountants, New York, 1968.

CARVALHOSA, Modesto. **Comentários à lei de sociedades anônimas:** Lei nº 6.404, de 15 de dezembro de 1976. São Paulo: Saraiva, 1997. v. 2.

CARVALHOSA, Modesto. **Comentários à lei de sociedades anônimas:** Lei nº 6.404, de 15 de dezembro de 1976. São Paulo: Saraiva, 1997. v. 3.

CARVALHOSA, Modesto. **Comentários à lei de sociedades anônimas:** Lei nº 6.404, de 15 de dezembro de 1976. São Paulo: Saraiva, 1997. v. 4. tomo II.

CERVO, Amado Luiz; BERVIAN, Pedro Alcino. **Metodologia científica**. 4. ed. São Paulo: MaKron Books, 1996.

COELHO, Fábio Ulhoa. **Manual de direito comercial**. São Paulo: Saraiva, 1999.

COLINS COBUILD. **Student´s Dictionary:** Bridge Bilingual Portuguese. London: HarperCollins Publishers, 1995.

COMISSÃO DE VALORES MOBILIÁRIOS. Disponível em ´<(www.cvm.gov.br> Acesso em:http://www.iasc.org.uk/ 18. jul. 2002.

COMISSÃO DE VALORES MOBILIÁRIOS. Instrução nº 247 de 27 de março de 1996. Companhias abertas: Estabelece critérios para avaliação de investimentos em coligadas e controladas e para a elaboração de demonstrações financeiras consolidadas. **Diário Oficial da União,** Brasília, DF, 29 mar. 1996.

COMISSÃO DE VALORES MOBILIÁRIOS. Instrução nº 285, de 31 de julho de 1998. Companhias abertas: Estabelece critérios para amortização de ágio e deságio em investimentos avaliados pelo método de equivalência patrimonial. **Diário Oficial da União**, Brasília, DF, 06 ago. 1998.

CONSELHO REGIONAL DE CONTABILIDADE DO RIO GRANDE DO SUL. **Princípios fundamentais de contabilidade e normas brasileiras de contabilidade.** 17. ed. Porto Alegre: CRC-RS, 2000.

COPELAND, Tom; KOLLER, Tim; MURRIN, Jack. **Avaliação de empresas.** Traduzido por Maria Claudia Santos Ribeiro Ratto. 1. ed. São Paulo: Makron, 2000.

ECO, Umberto. **Como se faz uma tese**. 14. ed. São Paulo: Perspectiva, 1996.

ERNST & YOUNG. **IAS/US GAAP Ccomparison:** a comparison between IAS and US accounting principles written by the Financial Reporting Group of Ernst & Young. United Kingdom, 2000

FACHIN, Odília. **Fundamentos de Metodologia.** 3. ed. São Paulo: Saraiva, 2001.

FURASTÉ, Pedro Augusto. **Normas Técnicas para o Trabalho Científico**. Explicitação das Normas da ABNT. 11. ed. Porto Alegre: s.n., 2002.

GIL, Antonio Carlos. **Como elaborar projetos de pesquisa.** 3. ed. São Paulo: Atlas, 1991.

HARIED, Andrew A; IMDIEKE, Leroy F; SMITH, Ralph F**. Advanced accounting**. 6. ed. New York: Wiley, 1994..

HOYLE, Jonh. **Advanced Accounting.** New York: John Wiley & Sons, 1996.

INSTITUTO DOS AUDITORES INDEPENDENTES DO BRASIL. **Normas Internacionais de Contabilidade.** São Paulo, 1998.

IUDÍCIBUS, Sérgio de. **Teoria da contabilidade**. 6. ed. São Paulo: Atlas, 2000.

_______. MARTINS, Eliseu; GELBCKE, Ernesto Rubens. **Manual de contabilidade das sociedades por ações**. 5. ed. São Paulo: Atlas, 2000.

_______. MARION, José Carlos. **Introdução à Teoria da Contabilidade**. São Paulo: Atlas, 1999.

_______. **Contribuição à teoria dos ajustamentos contábeis.** São Paulo: USP, 1966. Tese de Doutorado, FEA/USP, Universidade de São Paulo, 1966.

_______. **Aspectos da Avaliação de Estoques a Preços Correntes.** São Paulo: USP, 1968. Tese de livre docência, FEA/USP, Universidade de São Paulo, 1968.

KAM, Vernom. **Accounting Theory.** 2. ed. New York, Jonh Wiley & Sons, 1990.

KIESO, Donald E; WEYGANDT, Jerry J. **Intermediate Accounting**. 9. ed. New York: Wiley, 1998.

KÖCHE, José Carlos. **Fundamentos da metodologia científica:** teoria da ciência e prática da pesquisa. 15. ed. Petrópolis, RJ: Vozes, 1999.

KPMG. **Sinopse Contábil 2002**. DPP – Departamento de práticas profissionais. Responsável José Luiz R. Carvalho, 2002.

LAKATOS, Eva Maria; MARCONI, Marina de Andrade. **Metodologia científica**: 2. ed. São Paulo: Atlas, 2001.

LAKATOS, Eva Maria; MARCONI, Marina de Andrade. **Metodologia do trabalho científico**: procedimentos básicos, pesquisa bibliográfica, projeto e relatório, publicações e trabalhos científicos. 5. ed. São Paulo: Atlas, 2001.

LAKATOS, Eva Maria; MARCONI, Marina de Andrade. **Técnicas de pesquisa**: planejamento e execução de pesquisas, amostragens e técnicas de pesquisas, elaboração, análise e interpretação de dados. 4. ed. São Paulo: Atlas, 1999.

LARSEN, E. Jonh. **Modern Advanced Accounting**. 7. ed. New York: Irwin McGraw-Hill, 1997.

LITTLETON, A.C.; ZIMMERMAN, V.K. **Accounting Theory:** Continuity and Change. Prentice Hall, Inc., New Jersey: Englewood Cliffs, 1962.

LOCKE, Lawrence F. **Reading and understanding research**: Thousand Oaks: Sage, 1998.

MARD, Michael J. et al. **Valuation for Financial Reporting**: Intangible Assets, Goodwill, and Impairment Analysis, SFAS 141 and 142. New York: John Wiley & Sons, Inc., 2002.

MARTINS, Eliseu. **Quais investimentos devem ser avaliados pela equivalência patrimonial? Exemplos (II)**. São Paulo: IOB – Informações objetivas. Boletim Temática Contábil e Balanços, nº 35, 2ª semana de Setembro de 1997.

MARTINS, Gilberto de Andrade. **Manual para elaboração de monografias e dissertações**. 2. ed. São Paulo: Atlas, 1994.

MEDEIROS, João Bosco; ANDRADE, Maria Margarida de. **Manual de elaboração de referências bibliográficas:** a nova NBR 6023:2000 da ABNT: exemplos e comentários. São Paulo: Atlas, 2001.

NEVES, Silvério das; VICECONTI, Paulo Eduardo V. **Contabilidade Avançada e análise das demonstrações financeiras**. 7. ed. ampl., rev. e atual. São Paulo: Frase Editora, 1998.

PEIXOTO, Cunha. **Sociedades por ações**. São Paulo: Saraiva, 1973. v. 4.

PEÑA, Enrique Fernandes. **Integración de Balances.** Madrid: Aguilar S.A de Ediciones, 1961.

PINHO, Manoel Orlando de Morais. **Dicionário de termos de negócios:** português-inglês: English-portuguese. 2. ed. São Paulo: Atlas, 1997.

PRICEWATERHOUSECOOPERS: IFRS News – **Shedding light on the IASB´s activities**. Issue 4, December 2002.

SANTOS, José Luiz dos; SCHMIDT, Paulo. **Contabilidade Societária**: atualizado pela Lei 10.303/01. São Paulo: Atlas, 2002.

_______. Goodwill Adquirido: **Estudo Comparativo do Tratamento Contábil entre as normas Brasileiras, Norte-americanas e Internacionais**. São Leopoldo: UNISINOS, 2002. Dissertação de Mestrado, Universidade do Vale do Rio dos Sinos, 2002.

SCHMIDT, Paulo. **História do pensamento contábil**. Porto Alegre: Boockman, 2000.

_______. SANTOS, José Luiz dos. **Avaliação de ativos intangíveis.** São Paulo: Atlas, 2002.

STANDERSKI, Wlademiro. **Consolidação de balanços de empresas nacionais e multinacionais.** São Paulo: Biblioteca Pioneira de Administração e Negócios, 1976.

TEIXEIRA, Maria José. **Consolidação das demonstrações financeiras:** Uma Visão: Nacional e Internacional. São Paulo: PUC/USP: 1999. Dissertação (Mestrado em Ciências Financeiras e Contábeis), Faculdade de Ciências Contábeis e Atuariais, Pontifícia Universidade Católica de São Paulo, 1999.

TRUJILLO, Alfonso Ferrari. **Metodologia da ciência**. 3. ed. Rio de Janeiro: Kennedy, 1974.

VERGARA, Sylvia Constant. **Projetos e relatórios de pesquisa em administração.** 3. ed. São Paulo: Atlas, 2000.

www.ingramcontent.com/pod-product-compliance
Lightning Source LLC
LaVergne TN
LVHW010837051026
849532LV00007B/2738
* 9 7 8 8 5 6 0 2 0 0 0 3 0 *